JESÚS Y EL TIEMPO SON LA BRÚJULA MORAL DE LA VERDAD

El Desconcertante Avance de la Tecnología de Lectura Mental

G. ROMAN

DERECHOS DE AUTOR © 2024

JESÚS Y EL TIEMPO SON LA BRÚJULA MORAL DE LA VERDAD

Todos los derechos reservados. Queda prohibida la reproducción, distribución o transmisión total o parcial de esta publicación, incluyendo la fotocopia, grabación u otros métodos electrónicos o mecánicos, sin el permiso previo por escrito del editor, excepto en el caso de breves citas incorporadas en reseñas críticas y ciertos otros usos no comerciales permitidos por la ley de derechos de autor.

JESÚS Y EL TIEMPO SON LA BRÚJULA MORAL DE LA VERDAD

Debido a la naturaleza dinámica de Internet, las direcciones web o enlaces contenidos en este libro podrían haber cambiado desde la publicación y es posible que ya no sean válidos. Las opiniones expresadas en esta obra son exclusivamente las del autor y no necesariamente reflejan las opiniones del editor; por lo tanto, el editor renuncia a cualquier responsabilidad por las mismas.

Editado por:
Gilbert Roman

Impreso por:
Amazon KDP

Impreso en los Estados Unidos de América
Primera Edición de Impresión, 2024
ISBN 9798321501863

Dedicación

He estado trabajando en una prueba de que el gobierno de los Estados Unidos puede descifrar patrones de pensamiento. He dedicado toda mi vida a descubrir la verdad detrás del desarrollo de la tecnología de lectura mental.

Con ese fin, escribí todo este libro. Con la esperanza de alertar a otros sobre el peligro potencial que representa este tipo de desarrollo tecnológico. De ahora en adelante, nos ayudará o nos perjudicará. Existe motivo de temor en los Estados Unidos y entre los estadounidenses.

Sea cual sea el caso, espero sinceramente que los lectores del libro obtengan información útil.

Índice

Introducción 1

JESÚS Y EL TIEMPO SON LA BRÚJULA MORAL DE LA VERDAD 2

Capítulo Uno 3
Inteligencia Artificial y IRMf 3
¿Qué es la Resonancia Magnética Funcional (IRMf)? 8
Lo que un FMRI Puede Hacer que es Aún Más Aterrador 13
La Tecnología de Control Mental Está en Camino 16
Capítulo Dos 19
DARPA Quiere Controlar los Pensamientos de los Soldados a Través de Satélites 19
Monos Controlan un Brazo Robot a través de Señales Cerebrales 22
El Juego del Cerebro 28
Modificaciones Genéticas en Cerebros Humanos 33
Capítulo Tres 35
Los Legisladores Quieren Controlar la Tecnología de Lectura Cerebral. 35
¿Puede Coexistir la Tecnología de Lectura Cerebral y la Privacidad? 41
Exploración FMRI Muestra Nuestra Composición Mental y Emocional 51
IA y la FMRI decodifican la dinámica cerebral del neurofeedback 54

TABLE OF CONTENTS

Capítulo Cuatro 57
Visión Remota de la CIA en Stanford............................. 57
Operaciones de Control Mental de Estados Unidos en Continentes durante Décadas... 64
La Búsqueda Secreta de la CIA 71
Proyecto Star Gate 77
Capítulo Cinco 81
Facebook Financia la Lectura Mental de IA.................. 81
Los Riesgos Éticos de la Tecnología de Lectura Cerebral.......... 87
Mind Reading Machine Planning 92
La tecnología de lectura de mentes es un riesgo de seguridad.... 96
Capítulo Seis... 101
El Ejército de EE. UU. Intenta Leer la Mente 101
Tecnología Neurotecnológica No Quirúrgica 109
Aterradores Dispositivos de Lectura Mental 116
Lector de Mentes Impulsado por Inteligencia Artificial Sabe Lo Que Estás Mirando... 123
Capítulo Siete 125
La Computadora de Lectura Mental Controlada por Inteligencia de Intel. 125
Aplicaciones de Teléfono Inteligente de Lectura Mental.......... 128
Cuando las Computadoras Empiezan a Leer Nuestras Mentes 132
Adquisición de la Compañía de Señales Cerebrales de Facebook 138
Capítulo Ocho.. 141
La Mayor Pesadilla de Seguridad del Cerebro 141
The Future of Privacy... 154
Problemas Éticos de la Descodificación del Habla Basada en el Cerebro... 157
Malware Cerebral 168
Capítulo Nueve 171
Espionaje Cerebral del Gobierno................................... 171

v

Final de la Quinta..178
No Hay Frenando la Tecnología de Lectura Cerebral 183
Conclusión..189

Introducción

He pasado más de 20 años estudiando nuevas tecnologías. Estoy enfocado en utilizar estas tecnologías para ayudar con temas importantes como liberar a personas inocentes de la cárcel, ayudar a aquellos que fueron injustamente encarcelados, proteger lugares religiosos de visitantes no deseados y asegurar nuestras fronteras.

He escrito tres libros importantes que muestran lo que he aprendido. Uno de ellos se llama "America's New Slavery FMRI Technologies," y hay otro llamado "America's New Slavery FMRI Technologies: Behind the Scenes and Updates." Escribí estos libros bajo el nombre de Jose Collazo. Son realmente importantes porque hablan sobre cómo la tecnología y los derechos humanos están conectados.

En este momento, estoy investigando algo grande. Parece que algunos países tienen pruebas de que podría haber un poder divino, como Dios. Estoy estudiando a personas que han tenido experiencias religiosas para ver si hay alguna evidencia que lo respalde. Estoy utilizando cosas como cámaras satelitales y registros secretos para averiguar más. Esto podría cambiar muchas cosas si es verdad.

Al leer mi trabajo, verás que no se trata solo de datos y cifras. Se trata de cuestionar lo que sabemos, derribar barreras entre diferentes campos de estudio y explorar nuevas ideas donde la tecnología, la justicia y la espiritualidad se encuentran. Mi historia no es solo sobre investigación; se trata del poder del conocimiento, la fuerza de la curiosidad humana y la búsqueda interminable de la verdad en un mundo lleno de misterios.

JESÚS Y EL TIEMPO SON LA BRÚJULA MORAL DE LA VERDAD

Capítulo Uno
Inteligencia Artificial y IRMf

Los formuladores de políticas están tratando frenéticamente de controlar la tecnología que brinda acceso a los procesos internos del cerebro. La tecnología de lectura mental ha sido profetizada durante mucho tiempo por futuristas. Aunque ha sido posible identificar patrones de ondas cerebrales durante muchos años, todavía faltaba la capacidad de interpretarlos. Pero ahora que se ha desarrollado el aprendizaje automático y la inteligencia artificial (IA), finalmente podemos comprender lo que ocurre en la mente de las personas. Este es el procedimiento general. Los investigadores han creado software que coincide con las lecturas del cerebro de las personas con palabras o imágenes. Una vez mapeadas, las lecturas futuras pueden ser examinadas, analizadas y utilizadas para una variedad de aplicaciones que revelan la mente o ejercen control mental.

Por ejemplo, los genios del MIT han desarrollado un dispositivo montado en la cara que realiza una conversión de discurso a texto en tiempo real, pero sin el componente de discurso, junto con un programa de aprendizaje automático. La aplicación de aprendizaje automático convierte las señales neuromusculares, que son enviadas desde el cerebro hacia la cara a través de electrodos en el dispositivo, en texto. La subvocalización, a veces conocida como "habla silenciosa", reemplaza a la vocalización. Para vincular impulsos neuromusculares específicos con frases particulares, los investigadores utilizan una red neural. La fisiología varía de persona a persona. Después de 15 minutos de modificación y entrenamiento, los investigadores lograron un 92 por ciento de precisión. Además, el dispositivo emite conducción ósea. En otras palabras, podrías hacer preguntas a un asistente virtual y obtener respuestas que solo serían audibles para ti, todo sin que las personas sentadas frente a ti lo sepan.

Esta es una aplicación inesperada de la tecnología de lectura mental porque simplemente "lee" "instrucciones" transmitidas desde el cerebro hacia la cara para hablar, incluso si el habla real no se produce de manera audible o visible. Además, simplemente transforma un compromiso hablado y audible con un asistente virtual en un comportamiento silencioso e invisible, ampliando la gama de circunstancias en las que se podría utilizar un asistente virtual.

Por supuesto, el dispositivo en sí es ridículo en apariencia. Esto no se verá en nadie en público. Este estudio es importante porque demuestra cómo la subvocalización puede ser utilizada como interfaz de computadora. Investigadores de la Universidad de California, San Francisco, desarrollaron un dispositivo de lectura mental que convierte con precisión la actividad mental en texto con más del 90 por ciento de precisión. Puede identificar lo que una persona está escuchando solo con su actividad cerebral, en contraposición a interpretar las palabras que está subvocalizando. La ciencia fue algo cruda. Los investigadores utilizaron una terapia para la epilepsia que implica implantar electrodos directamente en la superficie del cerebro. Estos electrodos también fueron utilizados por los investigadores para rastrear la actividad cerebral en la corteza auditiva. Utilizaron esa información y algoritmos para identificar los sonidos del habla precisos que la persona estaba escuchando.

Es la primera etapa en el desarrollo de un accesorio que puede ser usado fuera del cuerpo y ser utilizado para traducir la voz "percibida" o "generada" en texto. Según estudios de la Universidad Carnegie Mellon, es posible leer "pensamientos complejos" de escaneos cerebrales y producir texto de manera adecuada. La investigación de la universidad mostró cómo los procesos mentales intrincados podrían permitir que su inteligencia artificial predijera lo que sucedería a continuación. Incluso Facebook está trabajando en un proyecto de lectura mental. Building 8, una rama de la empresa de redes sociales, está desarrollando un sistema que permitiría a los usuarios enviar mensajes de Facebook Messenger únicamente con sus pensamientos. Microsoft, la empresa conocida por sus interfaces de usuario, recibió patentes el año pasado para interfaces que "alteran el estado de una computadora o programas" utilizando la actividad cerebral.

A modo de ejemplo, podrías bajar el volumen de la música si te encuentras molesto por los sonidos fuertes. Puede ser utilizado en una amplia gama de dispositivos de Microsoft, desde mejorar la precisión del mouse hasta habilitar software de vanguardia en el sistema de realidad mixta HoloLens de la compañía. La lectura de imágenes en lugar de simplemente palabras es hacia donde avanza la investigación de lectura mental. Según la actividad cerebral de las personas, un reciente estudio de la Universidad de Toronto Scarborough pudo recrear aproximadamente rostros mostrados a los sujetos. Se mostraron 140 caras a trece sujetos. El programa de inteligencia artificial (IA) de los científicos se utilizó para procesar las lecturas de electroencefalograma (EEG) y construir duplicados borrosos pero reconocibles de las imágenes dadas a los sujetos.

Los investigadores están seguros de que pronto podrán recrear rostros únicamente a partir de la memoria, un logro que obviamente tiene aplicaciones en la aplicación de la ley. Académicos japoneses de la Universidad de Kyoto están desarrollando un sistema de red neural que funciona de manera similar al estudio de la Universidad de Toronto. Después de mostrar imágenes a los sujetos, las resonancias magnéticas funcionales (IRMf) y la IA pueden inferir la apariencia de las imágenes en función del flujo sanguíneo hacia el cerebro.

La Universidad de Purdue también está utilizando la IA y la tecnología de IRMf para leer mentes. Utilizaron la IA para enseñar a su programa a anticipar la actividad cerebral en la corteza visual mientras mostraban videos a individuos de prueba. Con la práctica, pudieron determinar a qué estaba mirando el sujeto simplemente monitoreando la actividad cerebral. Las aplicaciones que leen mentes están apareciendo en escenarios adicionales.

En el videojuego de realidad virtual (VR) de ciencia ficción "Awakening", desarrollado por la compañía Neurable, puedes recoger e incluso lanzar objetos solo con tus pensamientos. El juego incluye una diadema de electrodos que se conecta a un auricular de realidad virtual HTC Vive. Similar a la tecnología del MIT, el juego de Neurable utiliza la actividad cerebral como comandos o instrucciones en lugar de leer "pensamientos".

Looxid Labs, un participante en el programa acelerador Vive X de HTC, está desarrollando un casco de realidad virtual móvil con tecnología de detección de emociones incorporada, utilizando el seguimiento ocular y el monitoreo de ondas cerebrales. La empresa también ha creado accesorios para HTC Vive que logran el mismo objetivo. Los kits para desarrolladores estarán disponibles este verano.

En el Salón del Automóvil de Ginebra de 2018, el fabricante de automóviles Nissan presentó su concepto de automóvil IMx KURO, que incluye una diadema de EEG. El dispositivo utiliza las ondas cerebrales registradas para acelerar el tiempo de respuesta del automóvil. Por ejemplo, comienza a frenar incluso antes de que el conductor pise los frenos cuando detecta que el conductor planea aplicar los frenos. Según Nissan, los tiempos de reacción pueden acelerarse hasta medio segundo.

JESÚS Y EL TIEMPO SON LA BRÚJULA MORAL DE LA VERDAD
¿Qué es la Resonancia Magnética Funcional (IRMf)?

La Resonancia Magnética Funcional es una tecnología que detecta la actividad cerebral mediante la medición de los cambios en el flujo sanguíneo. Cuando los neuro-radiólogos realizan IRMf, utilizan el mismo escáner e interfaz que usan para las Imágenes por Resonancia Magnética (IRM). Para ambos tipos de imágenes, el paciente permanece quieto en un largo tubo magnético. El imán utiliza las propiedades magnéticas del cuerpo para crear imágenes muy claras. Mientras que una exploración de IRM permite a los médicos observar los órganos, tejidos o huesos de un paciente, la IRMf puede seguir la actividad cerebral en tiempo real, lo que permite a los médicos estudiar cómo funciona el cerebro de una persona mientras está despierta.

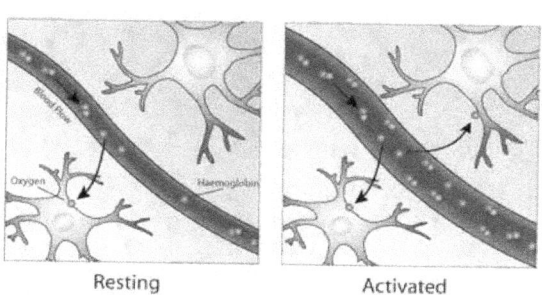

(Fuente: www.open.edu)

La mayoría de las IRMf se realizan poco después de haberse realizado un diagnóstico. Las imágenes resultantes pueden ayudar tanto a los médicos como a los pacientes a decidir si la cirugía es una buena idea. La mayoría de las veces, las exploraciones se realizan de 24 a 48 horas antes de que ocurra una cirugía. Por lo tanto, justo antes de la cirugía, las imágenes son las más completas y precisas que pueden ser. Las IRMf ayudan a los neurocirujanos a prepararse para la cirugía cerebral, para que puedan encontrar la parte correcta del cerebro cuando están en la sala de operaciones. Una Resonancia Magnética Funcional es muy parecida a una Resonancia Magnética normal en cuanto a cómo se realiza.

El paciente se acuesta boca arriba en una superficie plana y se introduce en una máquina larga y en forma de tubo. El proceso es indoloro, pero algunas personas pueden sentir claustrofobia o sentirse molestas por el ruido fuerte que hace la máquina durante las exploraciones. Dentro del escáner, a los pacientes se les dan instrucciones que se muestran digitalmente en un par de gafas, parecidas a un auricular de realidad virtual (RV). Las tareas son sencillas, como apretar la mano izquierda o pensar en palabras. Las partes funcionales del cerebro que se iluminan en el escáner se agregan a las imágenes normales de la anatomía cerebral del paciente obtenidas mediante la RM. La principal diferencia entre ambas es que durante una IRMf, los médicos dan instrucciones al paciente y le piden que realice ejercicios mentales tranquilos mientras permanece quieto. Los ejercicios hacen que ciertas partes del cerebro trabajen más, lo que lleva más sangre y oxígeno a esas áreas. Esta actividad se ilumina en las imágenes que crea el escáner, proporcionando a los médicos un mapa del cerebro del paciente que pueden ver. Una RM normal del cerebro puede durar entre 20 y 30 minutos, mientras que la IRMf lleva entre 40 y 55 minutos.

Si la cirugía no está planeada de inmediato, el paciente y el médico pueden mirar las imágenes y decidir qué hacer a continuación. Si un tumor cubre parcialmente las habilidades motoras o el centro del lenguaje, por ejemplo, el paciente puede optar por extirpar solo una parte o tratar el tumor con radiación en lugar de cirugía. Según Dana.org en su artículo "Las dos caras de la RM":

> *"No matter how hard it is to use MRI in cognitive neuroscience, further improvements in this technology will definitely have hugely positive effects on brain science, both in the lab and in the clinic. I think, though, that the most important things to come out of MRI will be studies of the brain's structure, not today's flawed attempts to localize functions of the mind that aren't well-defined. To figure out where MRI is going, we need to look at how imaging devices have changed in the past few years. In what follows, I talk about both traditional MRI and functional MRI, or fMRI, which is meant to focus on finding neural activity (function) instead of anatomy (structure)."*

En 1990, Seiji Ogawa y un grupo en los Laboratorios Bell dirigido por él desarrollaron el método de la fMRI.

En los pocos años desde entonces, se ha logrado un asombroso progreso. Una estimación es que se publican alrededor de 800 artículos sobre la fMRI o cómo puede ser utilizada cada mes, y puede que ya haya hasta 75,000 de ellos. Lo más importante que encontró el equipo de Ogawa fue que la imagen de la fMRI cambiaba dependiendo de cuánto oxígeno había en la hemoglobina, la parte principal de la sangre. Estos científicos fueron los primeros en sugerir que, dado que las neuronas activas consumen oxígeno, la fMRI podría diferenciar entre neuronas que están funcionalmente activas y aquellas que no lo están tanto. Nikos Logothetis y su equipo en el Instituto Max Planck en Tubinga, Alemania, no confirmaron su idea hasta 2001.

La resolución espacial de los sistemas de imágenes de fMRI ha avanzado mucho en los últimos años. En el uso clínico, la fMRI tiene una resolución espacial que actualmente está cerca de un milímetro (una milésima de metro). Los investigadores están tratando de llevar la resolución hasta el tamaño de una sola neurona, que es de unos pocos micrones (una millonésima de metro).

Este objetivo puede parecer difícil de alcanzar, pero los biofísicos están de acuerdo en que no hay un límite físico para cuán pequeña puede hacerse la resolución espacial con técnicas de RM. Sin embargo, existen muchos problemas importantes al intentar trabajar con distinciones tan finas. Con la enorme cantidad de datos que se pueden recolectar a esta escala, los experimentadores también pueden ser engañados para ignorar efectos que ocurren a una escala más grande y global. Esto es similar a cómo los estudios de neuronas usando microelectrodos han desviado la atención de regiones cerebrales más grandes.

También existen otros límites prácticos en equipos con una resolución espacial muy alta. Incluso 1 mm de movimiento en una máquina puede causar problemas. Pequeños movimientos del cerebro pueden desenfocar las imágenes, incluso si el cráneo está quieto. Esto puede anular gran parte de la mayor resolución. Aun así, David G. Cory y sus colegas en el Instituto de Tecnología de Massachusetts han creado sistemas de RM "microscópicos" que funcionan bien. Sus dispositivos pueden llegar a una resolución de hasta 10 micrones. Los científicos han utilizado este método para observar cómo funcionan las grandes células nerviosas de la mosca doméstica.

El sistema de RM microscópico se supone que llevará las asombrosas capacidades a gran escala de la fMRI al nivel de la actividad de una sola neurona. Esto podría brindarnos información sobre diferencias muy pequeñas en el cerebro que no se manifestarían en resoluciones más bajas. A medida que la resolución espacial de las máquinas de fMRI mejore, es posible que podamos ver las funciones vivas de la materia cerebral por primera vez. Antes, solo podíamos adivinar cuáles eran esas funciones basándonos en cómo se veía el cerebro después de la muerte. Por ejemplo, se sabe que las neuronas en la corteza visual están dispuestas en columnas verticales. Con sistemas de fMRI de alta resolución, será posible estudiar con gran detalle no solo la estructura sino también la función viva de estas pequeñas redes neurales en el futuro. De la misma manera, sabemos que la corteza visual está compuesta por capas horizontales que solo tienen unas pocas neuronas de grosor. La fMRI de alta resolución nos permitiría confirmar el papel que juega cada capa, un papel que solo podemos adivinar en la actualidad según cómo se ve o a partir de experimentos con microelectrodos individuales.

La fMRI de alta resolución también es útil para algo más que estudiar las células nerviosas del cerebro. Dado que la fMRI puede indicar cuánto oxígeno hay en la sangre, podría ser posible examinar la estructura fina incluso de los capilares más pequeños en el cerebro. Los dispositivos de micro-fMRI podrían usarse para detectar accidentes cerebrovasculares temprano. Deberíamos poder detectar lesiones cancerosas mucho antes de lo que podemos ahora a medida que la resolución espacial mejore. Y los efectos de una terapia farmacológica deberían poder verse todos los días, no solo después de meses o años de tratamiento.

G. ROMAN

Lo que un FMRI Puede Hacer que es Aún Más Aterrador

La fMRI también resulta aterradora porque puede leer los pensamientos de las personas. Debido a su existencia, varios estudios sugieren que ahora es posible escanear el cerebro de una persona y ver lo que están pensando. Un grupo de personas de la Universidad de Oregón ha creado un sistema que puede leer los pensamientos de las personas utilizando escaneos cerebrales y descubrir en qué caras estaban pensando. Como verás a continuación, los resultados fueron bastante perturbadores.

Uno de los miembros del equipo, el neurocientífico Brice Kuhl, le dijo a Brian Resnick en Vox: "Podemos tomar el recuerdo de alguien, que generalmente es algo privado e interno, y sacarlo de sus cerebros".

Los investigadores eligieron a 23 personas para ayudarles y luego reunieron un conjunto de 1,000 fotos en color de caras de personas al azar. Las imágenes se mostraron a los voluntarios mientras estaban conectados a una máquina fMRI. Esta máquina busca pequeños cambios en el flujo sanguíneo en el cerebro para medir cuán activos están sus cerebros.

Un programa de inteligencia artificial (IA) también está conectado a la máquina fMRI. Este programa lee cómo funcionan los cerebros de los participantes mientras reciben una descripción matemática de cada cara que ven en tiempo real. Los investigadores asignaron 300 números a diferentes partes de las caras para que la IA pudiera "leerlos" como código.

Básicamente, esta primera fase fue una sesión de entrenamiento para la IA. Necesitaba aprender cómo ciertas ráfagas de actividad cerebral coincidían con ciertas características faciales.

La segunda parte del experimento comenzó una vez que la IA había encontrado suficientes coincidencias entre la actividad cerebral y los códigos faciales. Esta vez, la IA solo estaba conectada a la máquina fMRI y tenía que descubrir cómo lucían las caras a partir de la actividad cerebral de los participantes.

Todas las caras que los participantes vieron en esta ronda fueron completamente diferentes de las que vieron en la ronda anterior. La máquina pudo reconstruir cada cara basándose en la actividad en dos partes diferentes del cerebro: el giro angular (ANG), que está involucrado en el lenguaje, el procesamiento numérico, la conciencia espacial y la formación de memorias vívidas, y la corteza occipitotemporal (OTC), que procesa señales visuales.

Puedes ver los resultados muy extraños a continuación:

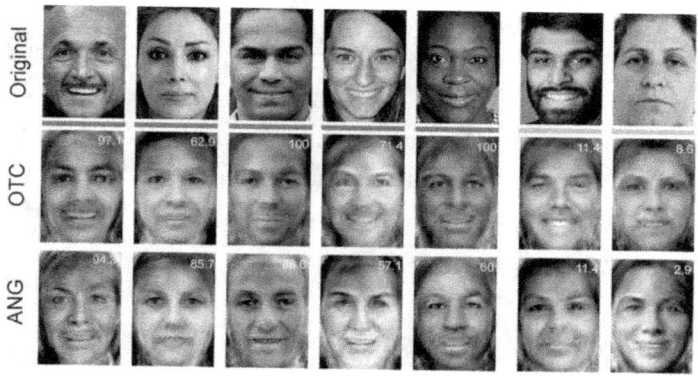

(Fuente: The Journal NeuroScience)

Los investigadores mostraron estas imágenes reconstruidas a un grupo separado de participantes en una encuesta en línea y les hicieron preguntas simples como "¿Es esta una persona o un hombre?", "¿Esta persona está feliz o triste?", "¿De qué color es su piel?"

Las respuestas fueron correctas con mayor frecuencia que simplemente por casualidad. La lectura de mentes puede decirte estos hechos básicos sobre las caras.

Así que, en cierta medida, un grupo de personas podría usar una máquina para leer los pensamientos de otro grupo de personas. El equipo está trabajando ahora en una tarea aún más difícil: lograr que las personas vean una cara, la recuerden y luego le cuenten a la IA cómo lucía la cara basándose en lo que la persona recordó.

JESÚS Y EL TIEMPO SON LA BRÚJULA MORAL DE LA VERDAD
La Tecnología de Control Mental Está en Camino

Cuando los científicos aprendan a leer y manipular las ondas cerebrales desde el cuero cabelludo, tendrá un impacto dramático en la medicina y en la cultura en general. La actividad eléctrica del cerebro puede indicar los procesos de pensamiento normales y aberrantes de una persona. Estimular circuitos cerebrales específicos de formas novedosas promete ser útil para el tratamiento de trastornos neurológicos y mentales, así como para la regulación del comportamiento. A medida que nos acercamos a esta nueva frontera de posibilidades, nos enfrentamos a dilemas éticos desafiantes.

La actividad eléctrica del cerebro humano es susceptible de ser investigada y manipulada, lo que tiene el potencial de brindar los mismos beneficios a la mente que la bioquímica hizo para el cuerpo. La composición química de tu sangre es una de las primeras cosas que tu médico examinará al evaluar tu estado de salud o diagnosticar cualquier enfermedad subyacente. Saber que tienes un nivel alto de colesterol y que estás en riesgo de un derrame cerebral te permite tomar medidas preventivas. De manera similar, apenas unos minutos de monitoreo de la actividad eléctrica en tu cerebro mediante EEG y otras tecnologías pueden mostrar no solo enfermedades neurológicas sino también problemas mentales como el TDAH y la esquizofrenia en investigaciones experimentales con el potencial de llegar pronto a la práctica médica. Además, conocer cómo está conectado tu cerebro solo requiere cinco minutos de observación de la actividad eléctrica mientras no haces nada más que dejar vagar tu mente.

La percepción de tus pensamientos fluidos puede revelar tu nivel de inteligencia, áreas de fortaleza y debilidad cognitivas, insights sobre tu carácter y una predicción de tu propensión para estudiar diversos temas. La actividad eléctrica cerebral de los niños en edad preescolar puede predecir su éxito académico posterior, como su habilidad para leer.

El conocimiento de los procesos mentales de una persona proporcionaría a los científicos una ventaja significativa. Tendrían la capacidad de prever las acciones futuras de una persona. Monitoreando la reacción del cerebro a frases como "muerte" y "felicidad", Just y su equipo pueden determinar si una persona tiene pensamientos suicidas o no. Las muertes prematuras del comediante Robin Williams y el chef famoso Anthony Bourdain son terribles recordatorios de que el suicidio rara vez se espera, ya que las personas ocultan sus sentimientos suicidas a todos, incluso a sus seres queridos y terapeutas.

El ejército ha adoptado esta estrategia para ayudar a los pilotos a aprender más rápido y a desempeñarse mejor mentalmente. Puedes comprar dispositivos de estimulación cerebral en línea o crear los tuyos propios usando baterías de nueve voltios debido a que el proceso es tan fácil de implementar. Sin embargo, al elegir la ruta de "hazlo tú mismo", corres el riesgo de convertir al consumidor en un sujeto de prueba humano.

Para estimular el cerebro con mayor precisión, los investigadores están trabajando en nuevas técnicas. Es bien sabido que la estimulación eléctrica no es particularmente precisa, ya que sigue el camino de menor resistencia a través del tejido cerebral y estimula neuronas de partes distantes del cerebro que extienden axones más allá del electrodo. Mediante la optogenética, los científicos pueden controlar con precisión la actividad de las neuronas en experimentos con animales. En esta técnica, la luz láser se transmite al cerebro mediante una conexión de fibra óptica y se utiliza para controlar con precisión la actividad de neuronas individuales a las que se les han insertado canales iónicos sensibles a la luz mediante ingeniería genética. La estimulación optogenética, si se aplica a los humanos, podría aliviar muchos problemas neurológicos y mentales mediante la regulación precisa de circuitos cerebrales específicos; sin embargo, este enfoque no se considera ético.

Las empresas de la industria tecnológica están alineando sus lecturas neuronales en preparación para desarrollar dispositivos de lectura mental. Esto no es un escándalo a la escala del desastre de Cambridge Analytica, donde los científicos de datos analizan el comportamiento del usuario para determinar que prefieren videos divertidos de gatitos y libros psicodélicos sobre el futuro cercano de Philip K. Dick. Esto es lectura de mente real, en el sentido literal. Como una de las personas dedicadas a crear esta tecnología, la participación de Elon Musk sugiere que podría ocurrir pronto. Facebook y Neuralink de Elon Musk han hecho compromisos públicos para desarrollar tecnología de lectura mental en 2019. Se informa que Facebook ha financiado estudios de interfaz cerebro-computadora (BCI), según informó Vox. El objetivo final es poder captar pensamientos de las neuronas en los cerebros de las personas y luego traducirlos en palabras. Ya se ha desarrollado un algoritmo por científicos de Facebook que puede leer la actividad cerebral de un usuario y traducirla en texto. Esto también es posible en el momento. Las pruebas de la interfaz cerebro-computadora en los Laboratorios de Realidad de Facebook han demostrado promesa en descifrar el habla humana y proyectarla en una pantalla.

Capítulo Dos
DARPA Quiere Controlar los Pensamientos de los Soldados a Través de Satélites

La oficina de investigación de "cielos azules" del Pentágono está buscando formas de mejorar la salud mental de los soldados de manera diferente a simplemente aumentar su nivel de alerta y cognición. Y los investigadores tienen la intención de implementar esto de arriba hacia abajo, con un dispositivo colocado en la parte superior del equipo de cabeza de cada soldado. Es la iniciativa de investigación cerebral más avanzada hasta la fecha en el ámbito militar. El Pentágono ha invertido recientemente en iniciativas para mejorar la salud mental de los soldados, reducir la probabilidad de lesiones y realizar evaluaciones de trastorno de estrés postraumático. DARPA está apoyando ahora un laboratorio con el objetivo de mejorar la cognición de los soldados y reducir las lesiones cerebrales traumáticas.

El Pentágono está cada vez más fascinado por el cerebro para usos que van desde vehículos controlados por la mente hasta prótesis de última generación. Casi tres décadas han transcurrido desde que se transmitió el primer mensaje a través de los nodos iniciales de Arpanet, el precursor patrocinado por el Pentágono de Internet. Sin embargo, este mes los científicos anunciaron el primer paso hacia la "red cerebral", la transferencia de mensajes entre dos cerebros de ratas.

Científicos de la Universidad Duke implantaron electrodos en los cerebros de dos ratas para demostrar que la respuesta aprendida de una rata (el codificador) podría ser replicada en el cerebro de otra rata (el decodificador) sin el uso de una señal visual. Es decir, el cerebro de una rata se había comunicado con éxito con otra.

Si bien la mayoría del creciente programa de neurociencia del Pentágono se ha centrado en aplicaciones médicas, como la investigación para comprender las lesiones cerebrales traumáticas, una buena parte del trabajo de la última década también ha sido en conceptos destinados a ayudar a los militares a combatir guerras de manera más efectiva, como la investigación sobre formas de mantener los cerebros de los soldados alerta incluso después de días sin dormir. La Agencia de Proyectos de Investigación Avanzada de Defensa (DARPA, por sus siglas en inglés) ha estado trabajando en una variedad de tecnologías militares bajo el término general "Cognición Aumentada", como gafas que monitorearían la actividad cerebral de un soldado para detectar posibles amenazas antes de que la mente consciente sea consciente de ellas.

Una amplia variedad de actividades, como conducir un automóvil, andar en bicicleta y escribir en una computadora, se han convertido en prácticamente rutinarias debido a la increíble capacidad de nuestros cerebros para absorber habilidades motoras. Aquí tienes otra: controlar una computadora con tu mente.

La nueva tecnología que puede leer la mente de un soldado pronto podría utilizarse en combate. Sin embargo, los posibles usos de la tecnología han generado preocupaciones. Para sacar la neurociencia del laboratorio y llevarla al campo de batalla, los científicos militares están desarrollando tecnología para proporcionar a cada soldado esta habilidad.

Estos dispositivos aprovechan lo que los neurocientíficos llaman la P300, una onda de actividad cerebral que ocurre aproximadamente 300 ms después de la estimulación e implica la conciencia inconsciente de un objeto visual. La P300 puede considerarse el "sexto sentido" en términos biológicos.

En Afganistán, por ejemplo, el intervalo entre detectar una bomba, conducir sobre ella y activarla puede ser de solo unos segundos, pero puede llevar varios segundos para que el cerebro tome conciencia de lo que ha visto.

Sin embargo, un electroencefalograma (EEG) puede detectar esa señal de la P300. Conectado a una computadora de alta tecnología capaz de descifrar la señal, puede eludir el procesamiento consciente habitual del cerebro y advertir inmediatamente al usuario de una posible amenaza. Con el uso de óptica moderna, podríamos imaginar un sistema de visión similar al de Terminator, que escanearía un área e identificaría y categorizaría instantáneamente las amenazas.

Sentinel (Sistema de Notificación de Amenazas Inspirado en el Aprendizaje Habilitado Naturalmente) es un nuevo dispositivo militar que afirma ser el primer sistema de advertencia de amenazas "cognitivo-neural" con binoculares en el mundo.

Monos Controlan un Brazo Robot a través de Señales Cerebrales

Científicos del Centro Médico de la Universidad de Duke han entrenado a monos rhesus para maniobrar un brazo robot en tiempo real utilizando solo señales cerebrales y retroalimentación visual. Los investigadores descubrieron que los animales parecían usar el brazo robot como si fuera una extensión de su propio cuerpo.

Científicos e ingenieros creen que su trabajo es un paso importante hacia el desarrollo de tecnología que permitiría a personas paralizadas usar impulsos cerebrales para controlar extremidades "neuroprotésicas" y posiblemente "neurorobots" de movimiento libre.

Los neurocientíficos han observado que las herramientas que han creado para analizar las señales cerebrales de animales en comportamiento también podrían ser útiles para ayudar en la recuperación de personas que han sufrido daños en la médula espinal o el cerebro como resultado de enfermedades o accidentes. Los investigadores afirmaron que los médicos podrían tratar mejor a las personas con lesiones cerebrales si supieran más sobre los procesos biológicos que regulan la plasticidad cerebral.

Los neurocientíficos liderados por Miguel Nicolelis, M.D., profesor de neurobiología y co-director del Centro de Neuroingeniería de Duke, anunciaron el desarrollo en un artículo publicado en línea en la Public Library of Science (PLoS) el 13 de octubre de 2003. Jose Carmena, candidato a doctorado en el grupo de Nicolelis, fue el autor principal del artículo. Craig Henriquez,

Ph.D., profesor asociado de ingeniería biomédica en la Escuela de Ingeniería Pratt, es el otro co-director del centro y coautor principal del artículo. La Fundación James S. McDonnell y la Agencia de Proyectos de Investigación Avanzada de Defensa apoyaron los esfuerzos de investigación del estudio.

Nicolelis reconoció a una gran cantidad de personas de diversas universidades cuyo trabajo ha sido crucial para el desarrollo de interfaces cerebro-máquina y para una mejor comprensión del cerebro, y cuyos descubrimientos contribuyeron a este logro reciente. Algunos de estos académicos son: John Chapin (Ph.D., State University of New York Health Science Center, Brooklyn); Eberhard Fetz (Ph.D., University of Washington, Seattle); Jon Kaas (Ph.D., Vanderbilt University); Idan Segev (Ph.D., Hebrew University of Jerusalem); y Karen Moxon (Ph.D., Drexel University).

Nicolelis y sus colegas ya habían demostrado anteriormente que podían usar señales cerebrales de monos búho para controlar el movimiento de un brazo robot registrando y analizando las señales.

La investigación realizada en la Universidad de Duke ha demostrado por primera vez que los monos pueden aprender a manipular un brazo robot mecánico, incluyendo movimientos de alcance y agarre, utilizando solo retroalimentación visual e impulsos cerebrales, sin recurrir a ninguna actividad muscular.

Microelectrodos más pequeños que el ancho de un cabello humano se insertaron en los lóbulos frontales y parietales de los cerebros de dos monos macacos rhesus hembra para el experimento. Un animal tenía 96 electrodos implantados mientras que el otro tenía 320. En un artículo publicado en las Actas de la Academia Nacional de Ciencias el 16 de septiembre de 2003, los investigadores detallaron su método para implantar cientos de electrodos en un solo sitio y registrar continuamente desde esos sitios.

Dado que se requieren varios comandos de salida para gobernar la actividad muscular complicada, los investigadores se centraron en los lóbulos frontales y parietales.

Los investigadores utilizaron un sistema informático personalizado para analizar las débiles señales de las matrices de electrodos e identificar patrones de señales que reflejaban movimientos específicos del brazo del animal.

En el primer conjunto de pruebas de comportamiento, los monos fueron entrenados para usar un joystick para mover un cursor a una ubicación predeterminada en una pantalla de video mientras ejercían una cantidad predeterminada de fuerza sobre el joystick.

Sin embargo, después de que los animales fueron entrenados, los investigadores convirtieron el cursor en algo más que una pantalla, dándole las mismas dinámicas que un brazo robot en otra habitación, incluyendo inercia y momento. Aunque el rendimiento de los animales disminuyó inicialmente cuando el brazo robot se incluyó en el bucle de retroalimentación, rápidamente aprendieron a tener en cuenta estas dinámicas y se volvieron competentes en operar el cursor-robot, encontraron los científicos.

Luego, los científicos quitaron el joystick, pero los monos aún lograron controlar el brazo robot agitando sus brazos en el aire y "agarrando" el cursor.

Después de solo unos días de interactuar con el robot de esta manera, el mono "se dio cuenta de repente de que no necesitaba mover su brazo en absoluto", según lo describió Nicolelis. Relajó los músculos de su brazo hasta el punto en que pudo controlar el brazo robot solo con sus pensamientos y algunas señales externas. Las señales cerebrales sugirieron que el animal había interiorizado el brazo robot hasta el punto de tratarlo como una extensión de su propio cuerpo. En las pruebas, Nicolelis enfatizó que tanto los movimientos de alcance como los de agarre fueron provocados por las mismas matrices de electrodos.

Nicolelis comentó: "Sabíamos que las neuronas de las que estábamos registrando eran capaces de codificar muchos tipos de información". Sin embargo, fue sorprendente descubrir que los animales pueden aprender a sincronizar la actividad de sus neuronas para controlar progresivamente una variedad de factores. Por ejemplo, una red de neuronas puede usarse para mover el robot a una ubicación específica, y luego la misma red podría generar la fuerza necesaria para que los animales agarren un objeto. Nadie entre nosotros había visto algo así antes.

Nicolelis agregó que el examen de las señales cerebrales mostró que el circuito cerebral estaba remodelándose activamente para adaptarse a medida que los animales aprendían.

Cuando cambiamos al animal del control del joystick al control cerebral, presenciamos una transformación notable en las características fisiológicas de las células cerebrales. Al día siguiente, cuando devolvimos el control del joystick al animal, sus características habían cambiado una vez más.

Según Nicolelis, estos resultados demuestran la notable plasticidad del cerebro al mostrar cómo puede integrar un objeto artificial en su "espacio neuronal" como si fuera una extensión del cuerpo. De hecho, esto es algo que experimentamos cada vez que usamos algo desde un lápiz hasta un automóvil. Usar una herramienta por primera vez es como aprender un nuevo idioma; a medida que nos familiarizamos con ella, sus características quedan incrustadas en nuestro cerebro y nos volvemos competentes en su uso. Según Nicolelis, estos resultados muestran que los cerebros tanto de animales maduros como de humanos siguen siendo maleables hasta bien entrada la edad adulta, desafiando la creencia común de que esta característica está limitada a la infancia.

Según Nicolelis, el desarrollo clínico de dispositivos neuroprotésicos para personas discapacitadas se vería directamente impactado por el descubrimiento de que su tecnología de interfaz cerebro-máquina puede funcionar en animales.

Se necesita mucha más investigación y desarrollo antes de que esta tecnología pueda usarse de manera segura en humanos, dijo. Sin embargo, los hallazgos preliminares sugieren que estas interfaces cerebro-máquina tienen un gran potencial para ayudar a las personas paralizadas a recuperar algunas de sus habilidades perdidas.

Los investigadores ya están realizando experimentos piloto con humanos, analizando las señales cerebrales para ver si coinciden con los hallazgos de los modelos animales. Además, están investigando formas de prolongar la vida útil de los electrodos más allá de los dos años vistos en las pruebas con animales.

Ingenieros biomédicos de la Escuela de Ingeniería Pratt de Duke, liderados por Henriquez, están trabajando para diseñar nuevos agarres, muñecas y otras piezas mecánicas para un dispositivo neuroprotésico, así como para hacer esas piezas más pequeñas.

Además, los científicos continúan con ensayos en animales que incorporan una fuente adicional de retroalimentación en el sistema, en forma de un pequeño dispositivo vibrador colocado en el costado del animal para informarle sobre otro atributo del robot.

Nicolelis argumentó que la tecnología para registrar e interpretar datos de matrices de electrodos amplias en el cerebro proporcionaría una visión sin precedentes de la función cerebral y la plasticidad, mucho más allá de la promesa de dispositivos neuroprotésicos.

JESÚS Y EL TIEMPO SON LA BRÚJULA MORAL DE LA VERDAD
El Juego del Cerebro

Aunque ha habido desarrollos significativos en nuestra capacidad para leer e incluso escribir en el cerebro, estos generalmente han requerido la implantación de dispositivos en los cerebros de pacientes para permitir a los médicos rastrear procesos fisiológicos como los involucrados en la epilepsia.

Sin embargo, las personas sin discapacidades no son buenos candidatos para tales interfaces debido a los riesgos asociados con la cirugía cerebral, y la precisión de las tecnologías actuales de monitoreo cerebral externo, como la electroencefalografía (EEG), en la que los electrodos están conectados directamente al cuero cabelludo, es insuficiente. Debido a esto, DARPA está impulsando el progreso en interfaces cerebro-computadora que requieren una cirugía mínima o nula (BCIs).

La agencia está interesada en sistemas que puedan leer y escribir en 16 ubicaciones separadas en un fragmento de cerebro del tamaño de un guisante en un lapso de no más de 50 ms en un plazo de cuatro años. Robinson es consciente de la magnitud del desafío.

Es complicado determinar "cuándo y dónde" se están creando las señales cerebrales mientras se intenta registrar la actividad cerebral a través del cráneo, le dijo a Live Science. El problema, entonces, es si podemos lograr la mayor resolución espacial y temporal posible. En la práctica, una cámara de alta tecnología escanea un área grande y luego utiliza algoritmos complejos diseñados para simular el sistema visual humano para identificar posibles peligros. La actividad cerebral del usuario se rastrea mientras las imágenes de los peligros potenciales se muestran en una pantalla y se muestran al usuario en rápida sucesión. Cuando el cerebro del usuario emite la P300 en respuesta a una imagen potencialmente peligrosa, reciben una alerta visual para enfocarse en esa imagen en particular.

Puede sonar más complicado que simplemente usar un par de binoculares comunes, pero las pruebas han demostrado que poder desplazarse rápidamente por varias fotografías sin escanear físicamente el paisaje o hacer clic en las imágenes de la cámara ahorra tiempo. La empresa afirma que Sentinel ya ha superado a los binoculares tradicionales en pruebas realizadas en un entorno desértico en Arizona y en terreno tropical en Hawái, y que este verano, el Ejército probará un prototipo de los binoculares en el Campamento Roberts en California.

Estas gafas son más que solo otra pieza de tecnología; tienen el potencial de ser la primera implementación de una interfaz cerebro-máquina en el ámbito militar.

Anteriormente reservado para el ámbito de la ciencia ficción, el impacto potencial de esta tecnología es ahora tema de discusión seria entre los expertos militares. De hecho, los Jasons, un grupo de científicos de élite que asesoran al gobierno en cuestiones de seguridad nacional, emitieron un informe sobre la mejora neurocognitiva en 2008 que expresó preocupación por el "potencial de abusos en la realización de dicha investigación" y las "serias preocupaciones sobre dónde termina la remedición y comienza el cambio de la humanidad natural". Aunque es menos probable que el ejército de Estados Unidos abuse del poder debido a estrictas leyes y procedimientos, "la conducta de las fuerzas opositoras probablemente no estará igualmente limitada", concluyeron.

No está claro si nuestros oponentes extranjeros están listos para comenzar una carrera cerebral, pero el interés en este tipo de tecnología parece estar en aumento. Otra investigación de interfaces cerebro-computadora de Darpa está explorando el potencial del P300 para ayudar a los analistas de inteligencia en la clasificación de fotos satelitales. Aunque la tecnología comercial es significativamente menos avanzada que el sistema militar, las empresas de entretenimiento están produciendo ahora sombreros EEG que permiten a los jugadores usar sus pensamientos para controlar un avatar en un videojuego.

La tecnología también se está utilizando para ayudar a las "personas bloqueadas" o aquellas con discapacidades graves a comunicarse al permitirles seleccionar letras y escribir usando solo impulsos cerebrales. Cuando un usuario activa la aplicación, las letras parpadean frente a sus ojos, y la aplicación registra las ondas cerebrales del usuario para determinar qué letras se estaban pensando. Deniz Erdogmus, profesor de ingeniería en la Universidad Northeastern en Boston, explica el concepto, diciendo que "cuando ves la letra K, genera una P300". Erdogmus afirma que los sujetos de prueba capacitados están obteniendo puntajes de hasta el 98% en estudios de laboratorio, pero las aplicaciones prácticas aún están a cinco o diez años de distancia. Es solo cuestión de ajustar y hacerlo adecuado para el campo, dice; "literalmente podemos lograrlo ahora mismo".

Desde el campo médico, que investiga el uso de la electroencefalografía (EEG) para operar prótesis, hasta la industria automotriz, que espera que la capacidad del cerebro para reconocer el peligro haga que los automóviles sean más seguros, Khosla ve una amplia gama de usos potenciales para el dispositivo de interfaz cerebro-máquina de HRL. Aunque la mayoría de este trabajo se realiza actualmente en el laboratorio, los expertos son optimistas de que el sector comercial alcanzará el mismo nivel.

Los académicos están preocupados de que este tipo de investigación pueda llevar a nuevas y potencialmente dañinas aplicaciones, como el uso generalizado de drones equipados con armas. "la capacidad de controlar una máquina directamente con el cerebro humano podría, por ejemplo, proporcionar la posibilidad de operar robots o vehículos autónomos en áreas peligrosas", según un nuevo artículo de la Royal Society del Reino Unido.

Las personas están preocupadas de que la tecnología expanda el campo de batalla al permitir que los soldados luchen de manera remota, al igual que los drones, como argumenta Jonathan Moreno, profesor de bioética y autor de la Universidad de Pensilvania y autor de Mind Wars. Según Moreno, es "la proyección de la inteligencia humana en un dispositivo". Como dice el dicho, aquí está la esencia del problema.

No obstante, la "santa gracia" de leer conceptos complejos o usar el cerebro para operar drones está lejos. El cráneo humano bloquea eficazmente la señal, lo que dificulta incluso el análisis de los datos EEG más básicos. Aunque se han logrado avances, las mejores señales aún se generan mediante la colocación de docenas de sensores en la cabeza del usuario con gel conductor; si bien esto está bien en un laboratorio, no es práctico para su uso en el campo de batalla (otro problema es que todo el sistema Sentinel actualmente pesa 7 kg (15 libras), que es demasiado pesado para ser utilizado como binoculares regulares; el objetivo es reducirlo a 2,5 kg (5 libras)).

Aunque han estado trabajando en una solución de cubierta para la cabeza equivalente a un casco o gorra, HRL todavía está usando sensores basados en gel en sus gafas. Todd Hughes, ex trabajador de Darpa, afirma que el desafío más importante es crear el sensor, que es el dispositivo o gorro que se usa en la cabeza para detectar la actividad eléctrica en el cerebro.

Las gafas Sentinel pueden interpretarse como un precursor de drones armados controlados por el cerebro o como un recordatorio de las limitaciones de la tecnología de vanguardia, dependiendo de cuán lejos se mire hacia el futuro. Si bien la iniciativa de Darpa demuestra la viabilidad y las aplicaciones militares de las interfaces cerebro-computadora, la idea de que las máquinas conozcan los pensamientos más profundos de una persona es otra historia. "Estamos a generaciones de distancia de eso", dice Hughes.

G. ROMAN

Modificaciones Genéticas en Cerebros Humanos

DARPA espera eventualmente implementar modificaciones genéticas en cerebros humanos. Vectores virales, virus modificados para transportar material genético a las células, se utilizarán para insertar ADN en neuronas específicas, lo que inducirá a esas neuronas a generar dos proteínas distintas.

Es posible detectar la actividad cerebral utilizando el primer tipo de proteína, ya que absorbe luz cuando una neurona dispara. Un haz de luz infrarroja emitida desde un casco externo penetraría el cráneo y alcanzaría el cerebro. La señal minúscula reflejada desde el tejido cerebral podría medirse luego con detectores conectados al equipo para producir una imagen del cerebro. La proteína oscurece las áreas de interés (al absorber luz) mientras las neuronas están activas, proporcionando una lectura de la actividad cerebral que puede utilizarse para deducir las intenciones visuales, auditivas o motoras del sujeto.

Para que las neuronas respondan al campo magnético producido por el casco, la segunda proteína debe unirse a nanopartículas magnéticas. La estimulación de las neuronas de esta manera podría utilizarse para crear una imagen mental o una sensación auditiva para el paciente. El equipo espera utilizar el dispositivo para enviar imágenes desde el córtex visual de una persona al de otra como prueba de concepto. Aunque ha habido desarrollos significativos en nuestra capacidad para leer e incluso escribir en el cerebro, estos generalmente han requerido la implantación de dispositivos en los cerebros de pacientes para permitir a los médicos rastrear procesos fisiológicos como los involucrados en la epilepsia.

Sin embargo, las personas sin discapacidades no son buenos candidatos para tales interfaces debido a los riesgos asociados con la cirugía cerebral, y la precisión de las tecnologías actuales de monitoreo cerebral externo, como la electroencefalografía (EEG), en la que los electrodos están conectados directamente al cuero cabelludo, es insuficiente. Debido a esto, DARPA está impulsando el progreso en interfaces cerebro-computadora que requieren una cirugía mínima o nula (BCIs).

Capítulo Tres

Los Legisladores Quieren Controlar la Tecnología de Lectura Cerebral.

A medida que la tecnología abre el cerebro para su estudio, los políticos se apresuran a mantenerse al ritmo acelerado del cambio. En 2019, Rafael Yuste introdujo imágenes en los cerebros de ratones y logró influir efectivamente en sus acciones. Ahora el neurocientífico advierte que los seres humanos son impotentes para detener lo que viene a continuación.

La neurotecnología, en la cual las computadoras interactúan directamente con las neuronas humanas, tiene el potencial de ayudarnos a comprender y tratar enfermedades intratables como el Alzheimer y el Parkinson, así como ayudar en la creación de miembros protésicos y terapia del habla si se utiliza de manera ética.

Sin embargo, la neurotecnología no controlada tiene el potencial de generar excesos corporativos y estatales graves, como la policía sesgada y los abusos de privacidad, haciendo que nuestros pensamientos sean tan susceptibles a la vigilancia como nuestras comunicaciones.

Ahora los neurocientíficos, filósofos, abogados, defensores de los derechos humanos y legisladores están trabajando juntos para asegurar el cerebro como la última frontera de la privacidad personal.

No buscan una prohibición. En cambio, defensores como Rafael Yuste, director del programa Neurorights de la Universidad de Columbia, piden un conjunto de principios que proteja el derecho a la privacidad de los ciudadanos mientras les permite aprovechar cualquier ventaja para la salud.

Pero ven muchas razones para la preocupación sobre aplicaciones específicas de la neurotecnología, especialmente a medida que los militares, los gobiernos y las empresas tecnológicas muestran interés en ella.

Tanto China como Estados Unidos han surgido como líderes mundiales en el estudio de la neurociencia y la inteligencia artificial. El Departamento de Defensa de Estados Unidos está trabajando en tecnología para alterar la memoria.

Además de los académicos, empresas como Facebook y Neuralink de Elon Musk han avanzado significativamente en esta área. Hay una nueva ola de dispositivos ponibles de neurotecnología que están apareciendo en el mercado. La startup estadounidense Kernel ha lanzado un casco de grado de consumo capaz de grabar la actividad cerebral en tiempo real. Facebook apoyó la investigación para desarrollar una interfaz cerebro-computadora para la comunicación basada en texto (durante el verano se retiraron). En abril de 2021, Neuralink, una empresa que desarrolla implantes para el cerebro, lanzó un video que muestra a un mono usando el chip de la empresa colocado en el cerebro del animal para jugar un juego.

"El problema es para qué pueden utilizarse estos instrumentos", comentó. Los ejemplos van desde aterradores hasta extraños. Se pueden predecir reincidencias criminales con exploraciones cerebrales, y se sabe que los empleadores chinos vigilan las ondas cerebrales de los empleados para descifrar sus estados emocionales. En el pasado, los investigadores también han utilizado electrodomésticos comunes para espiar en secreto los datos privados de las personas.

La perspectiva de un ser humano híbrido, que cambiaría fundamentalmente nuestra especie, está sobre la mesa, y esto es un problema importante. Y, continuó, "esto es existencial". Yuste piensa que el momento de decidir si este cambio será beneficioso o perjudicial es ahora.

La neurotecnología actual no tiene la capacidad de leer la mente o los sentimientos de alguien. Sin embargo, esto puede no ser esencial en un futuro con una IA avanzada. Los algoritmos de aprendizaje automático sólidos podrían ser capaces de establecer conexiones entre la actividad cerebral interna y factores externos.

El bioeticista de ETH Zurich Marcello Ienca comentó: "Para crear problemas de privacidad, todo lo que necesitas es una IA lo suficientemente sofisticada como para descubrir patrones y establecer vínculos correlativos entre patrones específicos de datos y estados mentales específicos".

Utilizando un sistema de aprendizaje automático, los científicos han deducido previamente números de tarjetas de crédito a partir de la actividad cerebral de una persona.

En el sistema de justicia penal, las exploraciones cerebrales se han utilizado con fines de diagnóstico y para prever qué delincuentes tienen más probabilidades de cometer más delitos; sin embargo, al igual que las pruebas de detección de mentiras antes, esta práctica proporciona información limitada y, en ocasiones, inexacta.

Puede haber graves repercusiones para las personas de color, que ya son afectadas de manera desproporcionada por la discriminación algorítmica.

Los casos en los que la evidencia científica sugiere que las tecnologías de detección de mentiras o de detección de la memoria son confiables plantean la pregunta de por qué un fiscal público las rechazaría. El Dr. Sjors Ligthart de la Universidad de Tilburg, que investiga las consecuencias éticas y legales de la lectura de cerebros bajo presión, hizo esta afirmación.

Los expertos dicen que existe mucha incertidumbre en torno a la responsabilidad en lo que respecta a los implantes cerebrales, porque no está claro si las ideas serían producidas o surgirían del cerebro. Parafraseando lo que Ienca comentó, "no puedes identificar qué tareas estás realizando tú mismo y qué pensamientos realiza la IA", ya que la IA se está convirtiendo en el mediador de tu propia mente.

La neurotecnología está obligando a los legisladores a abordar un problema hasta ahora no abordado: la necesidad de que las personas establezcan la autoridad de la persona sobre los pensamientos que llevan consigo.

Chile está trabajando en la primera ley en el mundo para proteger tales "neurorights" para sus ciudadanos.

El patrocinador del proyecto de ley, el Senador Guido Girardi de Chile, ha declarado que establecerá un sistema de registro para las neurotecnologías similar al de los productos farmacéuticos, y que el uso de tales tecnologías requerirá el consentimiento informado tanto del paciente como del médico.

En última instancia, queremos asegurarnos de que "la IA se pueda utilizar para el bien, pero nunca para controlar a un ser humano", como lo expresó Girardi.

En julio, España aprobó una Carta de Derechos Digitales no vinculante para servir de marco para futuras legislaciones.

Según Paloma Llaneza González, abogada de protección de datos que ayudó a redactar la carta, "el enfoque español es mantener la confidencialidad y la seguridad de los datos asociados a estas actividades cerebrales, y garantizar el control completo del individuo sobre sus datos".

Puede discriminar a alguien en función de sus creencias, así que "queremos salvaguardar la dignidad de la persona, la igualdad y la no discriminación", dijo.

El club de la OCDE con sede en París, compuesto principalmente por países ricos, ha establecido normas no vinculantes sobre la neurotecnología, que incluyen una lista de nuevos derechos diseñados para proteger el derecho de los individuos a la privacidad y la libertad cognitiva.

El problema es que no está claro si la regulación actual, que no fue escrita teniendo en cuenta la neurotecnología, es suficiente. Ligthart argumentó que se requería una reexaminación de los derechos existentes, específicamente para aplicarlos a la neurotecnología. Esto podría dirigirse a la Convención Europea de Derechos Humanos, que ya protege derechos como el derecho a una vida privada, pero podría ampliarse para incluir la protección de los pensamientos.

Información sensible, como la salud o las preferencias religiosas de una persona, está protegida por el Reglamento General de Protección de Datos (GDPR) en Europa. Sin embargo, una investigación realizada por Ienca y Gianclaudio Malgieri de la Escuela de Negocios EDHEC en Lille sugiere que los procesos mentales pueden quedar fuera del alcance de la ley.

Yuste dice que los organismos internacionales como las Naciones Unidas deben actuar antes de que se desarrolle aún más la tecnología.

En lugar de "esperar hasta que tengamos un problema y luego tratar de solucionarlo cuando sea demasiado tarde", como ocurrió con Internet, la privacidad y la IA, "queremos hacer algo un poco más inteligente", agregó Yuste. Las preocupaciones de privacidad de hoy parecerán "pequeñeces" en comparación con el futuro.

G. ROMAN

¿Puede Coexistir la Tecnología de Lectura Cerebral y la Privacidad?

A pesar de ser monitoreada por un total de 1,024 electrodos, la cerda Gertrude continuaba rebuscando en su confinamiento lleno de paja como si estuviera completamente ajena a su entorno. Cuando el hocico de la cerda localizaba una golosina en la mano de un investigador, sonaba una melodía musical para mostrar que las células nerviosas que regulan su hocico estaban activas.

El 28 de agosto, la empresa Neuralink de Elon Musk presentó su gran revelación, que incluía esos sonidos. Musk, fundador de Tesla y SpaceX, comparó la nueva tecnología con "un Fitbit en tu cráneo con cables diminutos".

Durante décadas, los neurocientíficos han estado documentando la actividad de las células nerviosas en los animales. Sin embargo, sorprendente es el alcance de los planes de Musk y otros para conectar a los humanos con las computadoras. Empresarios y científicos con miras al futuro quieren escuchar nuestros pensamientos y posiblemente cambiar la forma en que pensamos. Podríamos llamar a nuestros Teslas con el poder de la Fuerza, pensamiento sobre la materia.

Algunos investigadores criticaron el debut de Gertrude como un simple truco publicitario vacío. Sin embargo, Musk ya ha sorprendido al mundo. "No puedes estar en desacuerdo con un tipo que hizo su propio automóvil eléctrico y lo puso en órbita alrededor de Marte", dice Christof Koch, un neurocientífico del Instituto Allen para la Ciencia del Cerebro en Seattle. Realmente no importa si, en el futuro lejano, Neuralink permitirá que nuestros cerebros y Teslas se conviertan en uno solo. Hay muchos otros entusiastas de la neurotecnología además de Musk. Se están realizando avances rápidos en muchas áreas diferentes, como auriculares portátiles que podrían potencialmente distinguir entre el hambre y el aburrimiento, electrodos implantados que pueden traducir intenciones de habla en palabras reales y pulseras que utilizan impulsos nerviosos para escribir sin un teclado. Las personas paralizadas están probando actualmente interfaces cerebro-computadora (SN: 11/16/13, p. 22), una técnica que vincula los cerebros con el mundo digital. Los usuarios han podido completar tareas como compras en línea, comunicarse y beber de una taza usando solo sus impulsos cerebrales (SN: 6/16/12, p. 5). La capacidad de escuchar la actividad cerebral, descifrar su significado y quizás alterarlo tiene implicaciones de gran alcance para la salud y el bienestar humanos. Sin embargo, con estos avances surgen preocupaciones sobre la privacidad y los usos a los que se destinan nuestras mentes.

Debido al potencial tanto positivo como negativo asociado con la neurotecnología, todos tenemos un interés en influir en su desarrollo y aplicación final. Por otro lado, la mayoría de las personas no tienen voz en estos desarrollos y solo se enteran de ellos después de que ya se hayan implementado. Para tener una idea de cómo los lectores de Science News se sentían acerca de los avances en neurotecnología, los encuestamos. Esbozamos tres preocupaciones éticas principales, incluida la justicia, la individualidad y la confidencialidad. La privacidad fue el problema más común entre los lectores.

Muchos de los encuestados expresaron temor por la perspectiva de dar acceso a corporaciones, gobiernos o incluso proveedores de atención médica a sus procesos mentales privados.

En una sociedad en la que la privacidad personal ya es poco común, esto sería la invasión más grave hasta el momento. "Mi cabeza es el único lugar que sé que es realmente mío", comentó un lector.

Muchos de nuestros lectores están preocupados por la posibilidad de que la tecnología influya en sus pensamientos y acciones. Varios comentaristas mencionaron una posibilidad aterradora: convertirnos en autómatas sin mente.

Varios escenarios de ciencia ficción vienen a la mente al hablar de este tipo de manipulación cerebral, como el borrado de recuerdos en la película de 2004 "¡Olvídate de mí!", la implantación de ideas en la película de 2010 "Origen" y el engaño de las personas para que piensen que un mundo virtual es real en el desconcertante thriller de 1999 "Matrix".

La tecnología actual ni siquiera se acerca a cumplir esos sueños más salvajes. Sin embargo, según el neuroético Timothy Brown de la Universidad de Washington en Seattle, "el aquí y el ahora son igual de intrigantes... y igual de problemáticos desde el punto de vista moral". Podemos tener distopía sin "Matrix".

En el mundo moderno, la investigación, los tratamientos médicos e incluso algunas partes de nuestra privacidad están regulados por leyes y pautas éticas. Sin embargo, actualmente no hay un sistema efectivo para tratar las violaciones inevitables de la privacidad que acompañarán a los futuros desarrollos en la ciencia del cerebro. Rafael Yuste, neurobiólogo de la Universidad de Columbia, lo expresa de esta manera: "Todos estamos improvisando".

En este momento, las preocupaciones éticas se abordan caso por caso. Estos problemas están siendo discutidos por académicos, bioéticos y científicos en corporaciones privadas como IBM y Facebook. Las iniciativas de investigación centradas en la privacidad reciben financiamiento de importantes consorcios de investigación cerebral como la Iniciativa BRAIN de los Estados Unidos (SN: 2/22/14, p. 16). La legislatura nacional de Chile es una de las administraciones que está comenzando a abordar las preocupaciones sobre la neurotecnología.

No es sorprendente que no se haya llegado a un acuerdo ante tales intentos fragmentados. Dado que muchas personas diferentes tienen esta pregunta, hay igual cantidad de respuestas diferentes.

Los investigadores y clínicos han buscado durante mucho tiempo una manera de ayudar a las personas cuyos cuerpos ya no pueden moverse ni hablar extrayendo información directamente del cerebro, sin depender del habla, la escritura o la escritura a máquina. Ya hay personas con electrodos implantados que pueden registrar señales de los centros de movimiento de su cerebro para operar prótesis robóticas.

Después de un accidente de surf que dejó a Robert "Buz" Chmielewski cuadripléjico, científicos de la Universidad Johns Hopkins le implantaron electrodos en el cerebro en enero de 2019. Los investigadores revelaron en un comunicado de prensa el 10 de diciembre que Chmielewski pudo servirse a sí mismo con un tenedor y un cuchillo utilizando dos brazos protésicos controlados por señales de ambos lados de su cerebro. La investigación también ha descodificado impulsos cerebrales de una persona discapacitada que no puede hablar. El hombre, utilizando solo impulsos cerebrales, respondió "No, no tengo sed" a la pregunta "¿Quieres agua?" que se mostraba en una pantalla de computadora. Este logro se presentó en un simposio de la Universidad de Columbia el 19 de noviembre y es solo otra señal del notable progreso que se está logrando en la conexión de los cerebros humanos a las computadoras.

Karen Rommelfanger, neuroeticista de la Universidad Emory en Atlanta, dice: "Nunca antes habíamos podido recopilar ese tipo de información sin interactuar con la periferia de tu cuerpo, que tenías que activar deliberadamente". Como ella lo expresa, "todos requieren varios niveles de toma de decisiones", incluido el habla, el lenguaje de señas y la palabra escrita.

Rommelfanger afirma que los métodos actuales para extraer datos del cerebro incluyen maquinaria engorrosa, potentes recursos de procesamiento y, lo más importante, un sujeto cooperativo. Por el momento, cerrar los ojos, mover los dedos o incluso quedarse dormido serían formas efectivas de frustrar el intento de un intruso de acceder a tu mente.

No creo que ningún neurocientífico sepa lo que es una mente o un pensamiento, agrega Rommelfanger. "Dadas las tecnologías actuales, no tengo motivos para preocuparme por la lectura de mentes".

Sin embargo, el panorama podría cambiar rápidamente. Yuste dice: "Estamos muy, muy cerca" de poder extraer información privada de los cerebros de las personas, citando pruebas que han descodificado lo que una persona está viendo y qué palabras está escuchando. Kernel, una empresa de neurotecnología en el área de Los Ángeles, ha desarrollado un casco que puede detectar la actividad en regiones específicas del cerebro y que ahora está disponible en el mercado.

Por ahora, las empresas solo pueden utilizar nuestras acciones para crear perfiles espeluznantemente precisos de nosotros y predecir lo que haremos a continuación. Después de todo, cedimos.

Los algoritmos predictivos son capaces de generar suposiciones educadas, pero siguen siendo solo eso: suposiciones. Esto "puede que ya no sea una suposición" con estos "datos neuronales obtenidos a través de la neurotecnología", dice Yuste. Será el verdadero artículo, obtenido directamente de las empresas.

Si la tecnología continúa avanzando, argumenta Yuste, algún día podría ser posible divulgar incluso nuestros pensamientos más privados. ¿Qué más hay que temer en términos de invasión de la privacidad si no es eso?

La tecnología para alterar la actividad cerebral ya está aquí en forma de terapias médicas. Herramientas como esta pueden ayudar a las personas con epilepsia a evitar convulsiones o detener un temblor en seco.

Los científicos están sometiendo a varias pruebas tratamientos para el TOC, la adicción y la depresión (SN: 2/16/19, p. 15). Sin embargo, surgen problemas preocupantes cuando se tiene la capacidad de alterar con precisión un cerebro completamente funcional y, por extensión, su comportamiento.

Según Marcello Ienca, bioeticista de la ETH Zurich, el deseo de influir en las creencias de otra persona no es algo nuevo. Promocionar un producto o postularse para un cargo tienen que ver con ganar el apoyo del público. Sin embargo, la tecnología que puede alterar la actividad cerebral con un ligero empujón "llevaría los peligros actuales de manipulación al siguiente nivel", como lo expresa Ienca.

¿Qué podría suceder si este tipo de impacto se extendiera más allá del campo médico? Mientras que un médico podría utilizar tecnología precisa de modificación cerebral para ayudar a un joven paciente que sufre de anorexia, el mismo método también podría ser explotado con fines de lucro. Un lector expresó esto de la siguiente manera: "Imagina que entras a un McDonald's y de repente sientes un deseo abrumador de comer una hamburguesa con queso (o 10).

¿Es el hambre físico la raíz de tus ansias? ¿O tu cerebro recibió un empujón subconsciente justo antes de que pasaras por el letrero de McDonald's y desencadenara esta asociación? Es posible que esta intrusión cerebral te haga cuestionar el origen de tu impulso o pase desapercibida por completo. Esto es bastante arriesgado, advierte Yuste. En el momento en que comiences a activar el cerebro, estarás influyendo en las ideas de las personas sin que lo sepan, porque simplemente lo tomarán como confirmación de que "eso soy yo".

En el clima tecnológico actual, el control preciso del cerebro de los humanos no es factible. Sin embargo, los científicos ya han formado visiones dentro de los cerebros de los ratones, lo que sugiere que esto podría ser posible en el futuro (SN: 8/17/19, p. 10). Los ratones fueron entrenados para "ver" líneas que en realidad no estaban presentes estimulando ciertas poblaciones de neuronas, un proceso conocido como optogenética. Yuste, cuyo laboratorio realizó parte de las pruebas, afirma que los ratones actuaron como si sus ojos realmente hubieran visto las líneas. Todos ellos son simplemente marionetas, dice.

En medio de los rápidos avances en el campo de la neurociencia, investigadores, eticistas, líderes empresariales y responsables políticos se preguntan si y cómo debería regularse la tecnología cerebral. Por el momento, las preguntas y sus respuestas dependen completamente del contexto. Y ocurren en el contexto de tecnologías cada vez más intrusivas, con las que nos hemos acostumbrado extrañamente.

Nos sentimos cómodos con que nuestros teléfonos celulares rastreen cada uno de nuestros movimientos, desde la hora en que nos acostamos hasta el tiempo que nos lleva lavarnos bien las manos después de usar el baño. Cuando se combinan con las migas digitales que dejamos sobre las dietas que intentamos, los programas de televisión en los que nos obsesionamos y los tuits que amamos, nuestras vidas son un registro público completo y absoluto.

La eticista Anna Wexler de la Universidad de Pensilvania argumenta que estos detalles son más persuasivos que las imágenes cerebrales. Ella dice: "Mi dirección de correo electrónico, mi aplicación de notas y mi historial de búsqueda son más representativos de quién soy como persona, mi identidad", de lo que nuestros datos neurológicos podrían ser en algún momento.

Wexler está en minoría cuando dice que es demasiado pronto para preocuparse por las violaciones de privacidad provocadas por la neurotecnología. "La mayoría de mis colegas piensan que estoy loca".

Por otro lado, investigadores como Yuste han recomendado rigurosas medidas de privacidad que protejan los datos neurológicos de las personas de la misma manera en que protegen sus órganos. Al igual que un hígado no puede ser extirpado de un cuerpo sin autorización médica, los datos neurológicos no deberían extraerse de un sistema sin justificación. Chile está debatiendo si clasificar los datos neurológicos con protecciones adicionales que prohibirían el acceso de las empresas debido a esta posición.

Muchos otros especialistas se encuentran en el espectro entre estos dos extremos. Ienca, por ejemplo, se opone a cualquier limitación de la libertad individual. Las personas deberían poder intercambiar sus datos cerebrales por lo que consideren valioso, o incluso simplemente por dinero en efectivo. Según Ienca, "el cerebro humano se está convirtiendo en un nuevo activo" que las corporaciones pueden explotar para obtener ganancias. Neurocapitalismo es su término para ello.

Y eso está totalmente bien para Ienca. Él afirma que las personas tienen derecho a vender sus datos o intercambiarlos por un servicio o producto si están completamente informadas, un problema si. Todos deberían poder hacer lo que quieran con sus datos personales.

Según Rommelfanger, los procedimientos operativos estándar, las listas de verificación y las regulaciones no son la forma de proceder. Para tratar la neurociencia, dice: "en este momento hay más de 20 marcos, reglas, principios que se han producido desde 2014". Es común que estos protejan tu "privacidad mental" y tu "libertad cognitiva" o tu independencia en la toma de decisiones sobre tu propia mente.

Según ella, esos son estándares bien considerados, pero las capacidades y las implicaciones éticas de varias tecnologías varían ampliamente. Rommelfanger argumenta que no hay una solución única.

En su lugar, puede ser necesario que cada empresa o grupo de investigación aborde las preocupaciones éticas a medida que surjan durante el proceso de desarrollo. Recientemente, ella y sus colegas recomendaron cinco preguntas que los investigadores podrían hacerse para iniciar la consideración de este tipo de preocupaciones éticas, como la privacidad y la autonomía. Las preguntas alientan a los encuestados a pensar en las posibles aplicaciones de la tecnología emergente más allá de los confines del laboratorio.

Rommelfanger argumenta que existe una obligación ética de avanzar en la tecnología para ayudar a quienes tienen enfermedades mentales y parálisis. "Mi mayor preocupación es que si la confianza pública en esta tecnología se erosiona, entonces todo el bien que podría hacerse se anularía".

Es poco probable que la futura avalancha de neurotecnología se detenga por la necesidad de pautas éticas más claras. Sin embargo, dar la debida consideración a la ética involucrada puede ayudar a dar forma al futuro y salvaguardar nuestra humanidad.

G. ROMAN

Exploración FMRI Muestra Nuestra Composición Mental y Emocional

CBS transmitió un extenso segmento sobre la "lectura de mentes" que proporcionó muchos detalles útiles sobre cómo varios laboratorios están utilizando la fMRI para descubrir los pensamientos de sus sujetos. Lesley Stahl, la reportera del segmento, comenzó en la Universidad Carnegie Mellon, donde los profesores Marcel Just y Tom Mitchell están realizando un trabajo innovador utilizando una computadora para adivinar en qué objeto está pensando una persona.

Sorprendentemente, el estudio de CMU no se basa en las propias exploraciones cerebrales del sujeto para hacer sus predicciones, sino en exploraciones de una variedad de otras personas. El programa "60 Minutes" probó la capacidad del método de CMU para identificar diez objetos basados únicamente en la exploración de su cerebro, haciendo que un productor asociado (= alguien reemplazable en caso de que las cosas salieran trágicamente mal) se introdujera en la máquina fMRI. Advertencia: ¡La computadora de CMU acertó todas las 10 preguntas en la primera presentación en "tiempo real" de la técnica!

Incluso después de cubrir otras investigaciones sobre "lectura de mentes", "60 Minutes" abordó el uso controvertido de la fMRI en la detección de mentiras. Al final, hubo una breve y cautelosa mirada al neuromarketing. Quédate hasta el final: cualquier persona que no haya deseado poder conocer los pensamientos de otra persona entendería la universalidad de este deseo. Sin embargo, eso obviamente no es concebible, ya que nuestras mentes son las partes más privadas e inaccesibles de nosotros mismos. Bueno, eso es lo que siempre hemos asumido. El progreso neurocientífico ha revelado que, en su nivel más fundamental, nuestras ideas son el resultado de miles de millones de neuronas en nuestros cerebros que se activan al unísono. ¿Podrían nuestros pensamientos ser descifrados si esa actividad cerebral pudiera ser aislada y analizada? ¿Existen límites para la capacidad de la mente de ser leída?

Un flujo constante de sujetos de investigación visita la sala del escáner en Carnegie Mellon, ubicada a dos pisos bajo tierra, para que sus cerebros y pensamientos sean "leídos" en esta máquina de resonancia magnética funcional, o fMRI, un método de exploración que investiga los procesos neurales en curso durante el pensamiento consciente. La actividad cerebral se monitoreó mientras los sujetos yacían en el escáner y pensaban en diez objetos distintos; cinco eran herramientas como un destornillador o un martillo, y los cinco restantes eran estructuras como un iglú o un castillo. El objetivo de este análisis de datos era separar los comportamientos de los objetos individuales. Su equipo logró determinar patrones distintos para cada objeto al dividir el cerebro en cientos de cubos pequeños y monitorear la cantidad de actividad en cada uno.

Sorprendentemente, la respuesta fue positiva. Al considerar la espiritualidad, este patrón de activación fue el más común. Esto, por supuesto, era un rumor.

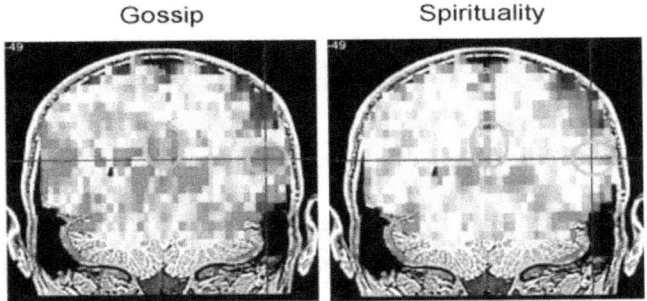

La diferencia entre los dos se encontró en regiones del cerebro que la investigación ha revelado que se iluminan cuando consideramos las experiencias y perspectivas de los demás. En azul, por supuesto. Los pensamientos de chismes hicieron que esas regiones se iluminaran en rojo, pero los pensamientos de espiritualidad no lo hicieron.

El Dr. Just también investigó si los mismos patrones existen cuando las personas piensan en diferentes idiomas. Esto es correcto. Para probar si las emociones tienen patrones de activación únicos, ha hecho que estudiantes de actuación las evocaran en el escáner. En su investigación, descubrió que cada sentimiento tenía su propio conjunto único de parámetros. También se podía detectar la diferencia entre ellos.

JESÚS Y EL TIEMPO SON LA BRÚJULA MORAL DE LA VERDAD
IA y la FMRI decodifican la dinámica cerebral del neurofeedback

¿Y si pudieras superar tu miedo a las alturas, disfrutar del ejercicio y ser más feliz? Utilizando la inteligencia artificial y la tecnología de escaneo cerebral, los investigadores pueden eliminar ciertas ansiedades, aumentar la confianza en uno mismo y cambiar las preferencias personales. El Neurofeedback Decodificado (DecNef) puede llevar a nuevos tratamientos para el TEPT, las fobias, los trastornos de ansiedad y otras enfermedades de salud mental.

El DecNef no siempre es efectivo. Comprender cómo el cerebro regula sus propios patrones de actividad explicará la diferencia y permitirá su uso clínico. Para facilitar su traducción desde la ciencia fundamental hasta la comercialización, los investigadores de DecNef compartieron un conjunto de datos único que comprende cinco experimentos.

Un equipo internacional liderado por científicos de los Laboratorios de Neurociencia Computacional del Instituto Internacional ATR en Kyoto, Japón, lanzó una base de datos de neuroimagen de más de 60 participantes de entrenamiento DecNef. Esta base de datos contiene imágenes cerebrales, decodificadores de aprendizaje automático y datos procesados.

El Neurofeedback Decodificado identifica información cerebral específica, como una memoria de terror. "El escaneo cerebral se emplea en la investigación del Neurofeedback Decodificado para monitorear la actividad cerebral e identificar patrones complicados que se aproximan a una memoria o estado mental. Cuando se encuentra el patrón, recompensamos a los participantes. Recompensar repetidamente un patrón altera la memoria o el estado mental. Mitsuo Kawato, PhD, jefe de los Laboratorios de Neurociencia Computacional del Instituto Internacional ATR en Japón y autor principal de la investigación, ideó la técnica hace una década.

Cerca de 2000 artículos de investigación sobre el neurofeedback, incluidas metodologías de FMRI y no FMRI, estudian la aplicabilidad de la técnica en trastornos desde el autismo hasta el tratamiento del dolor. El Neurofeedback Decodificado puede ser superior a la terapia estándar para poblaciones clínicas. Los pacientes podrían evitar la terapia de exposición y los efectos secundarios farmacológicos. Por lo tanto, debemos acelerar el desarrollo del Neurofeedback Decodificado, y esto solo será posible si más científicos pueden trabajar con los datos reales, dijo Aurelio Cortese, PhD, investigador principal en el Instituto Internacional ATR y autor principal del informe.

El DecNef combina el aprendizaje automático con el neurofeedback FMRI de bucle cerrado. Cambia la dinámica cerebral. DecNef utiliza MVPA para una excelente especificidad del objetivo. MVPA se basa en algoritmos que aprenden a decodificar información dispersa en patrones de actividad, a diferencia de las técnicas que evalúan el nivel de actividad general tratando cada voxel (un homólogo 3D de un píxel 2D) de manera aislada.

Los participantes del Neurofeedback no conocen el contenido, el objetivo ni los parámetros del experimento para evitar interferencias cognitivas. Los investigadores pueden inferir la representación cerebral objetivo de participantes sustitutos utilizando la hiper alineación. La hiper alineación crea un espacio de alta dimensión mediante la transformación lineal de los patrones de actividad cerebral de los participantes.

Las características del DecNef lo convierten en una excelente herramienta para desarrollar aplicaciones clínicas neuropsiquiátricas. El DecNef ayuda a investigar el funcionamiento del cerebro. El DecNef se ha utilizado para estudiar la visión, el aprendizaje perceptual, la preferencia subjetiva y la confianza perceptual en la red frontoparietal.

La base de datos DecNef promueve la investigación global de neurofeedback a través de metaanálisis, modelos computacionales y simulaciones de redes neuronales. El conjunto de datos incluye cinco experimentos separados, 60 participantes y más de 200 horas de tiempo de escaneo FMRI bajo entrenamiento DecNef. Cualquier persona que desee utilizar el conjunto de datos debe presentar una solicitud a través de ATR o Synapse, un repositorio de datos neurocientíficos en línea. La publicación original y los sitios web de ATR y Synapse indican cómo obtener el conjunto de datos.

Para involucrar a la comunidad global de investigación científica en el desarrollo de la base de datos, los autores publicaron el software DecNef bajo la condición de que los investigadores pongan sus datos a disposición a través de la base de datos DecNef.

Capítulo Cuatro
Visión Remota de la CIA en Stanford

La Agencia Central de Inteligencia (CIA) desclasificó y aprobó la liberación de registros en julio de 1995 que revelaron que en la década de 1970 financió un programa en el Instituto de Investigación de Stanford en Menlo Park, California, para investigar si la "visión remota" podría tener alguna utilidad para la recolección de inteligencia. Este fue el comienzo del conocimiento público de la investigación de la comunidad de inteligencia en fenómenos psi (también conocidos como parapsicología) que se extendió durante más de dos décadas. El fundador y director inicial del programa (1972-1985) discute aquí los primeros orígenes del programa, incluidos algunos de los primeros resultados ahora desclasificados que despertaron el interés inicial.

Conocida como E.O. 1995-4-17, la Información Clasificada de Seguridad Nacional fue emitida por el Presidente Clinton el 17 de abril de 1995. Si bien gran parte de lo que ha sido una política de larga data fue confirmado en la directiva, también hubo un cambio discernible hacia una mayor transparencia. Esto se puede ver en acción en el primer párrafo donde leemos: "Los riesgos para la seguridad nacional a los que nos enfrentamos han cambiado drásticamente en los últimos años, pero no han desaparecido. Estas alteraciones nos brindan una mejor oportunidad para resaltar nuestra dedicación a un gobierno transparente." La sección de Estándares de Clasificación de la Orden incluye disposiciones como "donde haya una seria incertidumbre sobre la necesidad de clasificar material, no se debe clasificar", que ponen en práctica esta promesa. La sorprendente frase "En algunos casos excepcionales, sin embargo, la necesidad de proteger esa información puede verse superada por el interés público en la divulgación de la información, y en estos casos la información debería ser desclasificada", aparece más adelante en el documento en referencia a información que requiere protección continua.

La mayor presión sobre las personas responsables de preservar la seguridad como resultado de esta nueva forma de pensar sobre la clasificación en vista de las solicitudes justificadas de transparencia es una desventaja clave. Un efecto es que las solicitudes pendientes de la Ley de Libertad de Información (FOIA, por sus siglas en inglés) finalmente se están cumpliendo.

Como resultado de este cambio de política, el gobierno ha confesado su participación durante más de dos décadas en la financiación de programas altamente clasificados de acceso especial en visión remota (VR) y fenómenos psi relacionados, inicialmente en el Instituto de Investigación de Stanford (SRI) y posteriormente en la Corporación Internacional de Aplicaciones Científicas (SAIC), ambas ubicadas en Menlo Park, California. Aunque gran parte de la documentación del programa sigue clasificada, la CIA (patrocinadora original del programa) desclasificó y liberó 270 páginas de informes del SRI en julio de 1995. La liberación de los informes del SRI por parte de la CIA es el primer reconocimiento público de la significativa participación en el área psi por parte de la comunidad de inteligencia, a pesar de años de columnas de Jack Anderson y otros que afirmaban filtraciones de programas de "espionaje psíquico" con nombres como Grill Flame, Center Lane, Sunstreak y Star Gate.

La "Visión Remota", conocida popularmente como Percepción Extrasensorial (ESP), es la capacidad del ser humano para percibir información e imágenes de objetivos geográficos remotos. Los practicantes avanzados del sistema de Yoga indio estaban bien familiarizados con la "Divya Drishti".

Se informa que Estados Unidos y la Unión Soviética emplearon 'visionarios remotos' psíquicos para espiar mutuamente durante la era de la Guerra Fría con el propósito de adquirir información de inteligencia de relevancia militar. En resumen, la visión remota es "la capacidad de los participantes humanos para obtener información sobre destinos geográficos (y temporales) distantes que de otro modo no serían alcanzables por ningún medio sensorial conocido".

El programa de visión remota de Estados Unidos consistió en dos partes:

(a) El programa de investigación de "Cognición Anómala" (AC), lanzado en Menlo Park, California, en la década de 1970 por los físicos Hal Putoff y Russell Targ, y luego trasladado a Science Applications International Corporation (SAIC) bajo la dirección de Edwin May. Sus primeras investigaciones se han publicado en publicaciones científicas de alta calidad desde la década de 1970.

(b) El Proyecto STARGATE es el nombre en clave de una colección de esfuerzos de organizaciones de inteligencia gubernamentales para gestionar misiones operativas centradas en la misión.

Partes de la historia de este programa altamente secreto se hicieron públicas por la CIA en julio de 1995, cuando la Guerra Fría comenzó a calentarse finalmente. Varias personas que participaron en este programa han escrito libros y artículos académicos en los años posteriores. Sin embargo, estos autores han expresado su decepción por no poder divulgar más información "sensible" sobre el esquema. Esta sinopsis se basa en materiales previamente publicados.

La Percepción Extrasensorial (ESP, por sus siglas en inglés) es otro nombre para la Visión Remota, una frase acuñada originalmente por el investigador de parapsicología J.B. Rhine en 1934. Sin embargo, aquellos que estudian la historia yóguica india tienen un profundo entendimiento de esto. El primero de los ashta-siddhis (o poderes psíquicos) que un practicante serio de Yoga puede adquirir se describe como "obtener conocimiento de lo pequeño, lo oculto o lo distante dirigiendo la luz de la facultad super física" en el Afosismo 3.26 de la obra clásica de Patanjali, los Yoga Sutras (400 a.C.). Los métodos de "ver a la distancia y el futuro" de los espectadores estadounidenses han sido comparados por el crítico Russell Targ con "una sorprendente similitud con las detalladas instrucciones ofrecidas en el Yoga Sutra".

Parece que esta es una faceta de la mente humana que era conocida por la mayoría de las civilizaciones antiguas. Utilizar habilidades clarividentes para obtener ventaja táctica en el campo de batalla se menciona tanto en los textos canónicos indios como chinos.

Después de la publicación de "Descubrimientos Psíquicos detrás de la Cortina de Hierro" en 1970 por Sheila Ostrander y Lynn Schroeder, se cree que el gobierno de Estados Unidos comenzó a interesarse en explorar las posibles aplicaciones militares de las técnicas de "visión remota".

La Agencia Central de Inteligencia de Estados Unidos (CIA) parece haber sido movilizada a la acción por este libro, desencadenando lo que un periodista apodó la "Carrera por el Espacio Interior". En sus recuerdos del programa de Estudios del SRI, Hal Puthoff, fundador y primer director del instituto, proporciona una vívida imagen de los inicios del programa.

Los investigadores de la Universidad de Duke, liderados por J.B. Rhine en la década de 1930 y 1940, utilizaron una baraja de cinco cartas llamadas "Cartas Zener" con símbolos que incluían un cuadrado, un círculo, una estrella, un signo de suma y un patrón ondulado para realizar un examen científico sistemático de la telepatía y la ESP. En una habitación, un "agente transmisor" mantendría su enfoque mental y concentración en una de estas cartas al azar mientras estuviera abierta. Un "receptor" u "observador" en una habitación adyacente intentaría determinar qué carta está expuesta. El porcentaje de "aciertos en la carta" correctos se registraría después de cada prueba. Un modo de transferencia de información telepática o de ESP se inferiría si la tasa de aciertos experimentales fuera significativamente mayor que la tasa de "expectativa de azar" de uno en cinco (20%).

Lamentablemente, el experimento tuvo que repetirse miles de veces para obtener hallazgos estadísticamente significativos, lo que llevó a 'efectos de declinación' debido al aburrimiento (o agotamiento) por parte del observador remoto. Para sortear este problema, los investigadores de parapsicología en SRI cambiaron las cartas zener por un conjunto de fotos de National Geographic. Con este propósito, se creó un sistema de "orden jerárquico" para determinar la tasa de éxito.

Luego, los científicos dirigieron su atención a determinar con qué frecuencia un espectador remoto podía detectar y describir una escena natural o un sitio militar donde se encontraba un "agente" o "baliza" en experimentos de campo o "banco de pruebas". Cada participante, ya sea el "agente transmisor" en el sitio o el "observador" o "receptor" en el laboratorio, debería completar el mismo cuestionario de 30 puntos, marcando cada ítem con una respuesta de "sí" o "no". El Programa de Investigación de Anomalías de Ingeniería de la Universidad de Princeton, mientras investigaba la "Percepción

Remota Precognitiva", es acreditado con el desarrollo de este método de evaluación. La efectividad del observador remoto se midió utilizando enfoques computacionales avanzados de los campos de la inteligencia artificial y el reconocimiento de patrones.

La siguiente fase de investigación que imitaba misiones de espionaje militar eliminó la necesidad de que el "agente" transmisor estuviera físicamente presente en el sitio objetivo y, en su lugar, alentó al observador remoto a ver objetivos militares relevantes dentro de Estados Unidos utilizando solo la latitud y la longitud del sitio. El sitio web de Edwin May (www.lfr.org) contiene una breve descripción de los hallazgos del estudio financiado por el gobierno sobre la "percepción anómala". En el momento de la cancelación oficial del programa en 1995, el Dr. May estaba liderando la investigación en SAIC como su director.

Los datos de VR, cuando se hacen públicos, son considerados como un activo valioso por la comunidad de inteligencia de Estados Unidos, ya que complementan la información obtenida de otras fuentes. En la guerra continua contra el terrorismo, por ejemplo, hay buenas razones para creer que varias agencias deben haber pedido la ayuda de sus supuestos "observadores remotos", independientemente de la utilidad de tal ayuda.

Pero probablemente la consecuencia más trascendental del estudio de la VR es que le da credibilidad a una antigua idea central en muchas tradiciones de sabiduría oriental: que la "conciencia" humana no está confinada a una ubicación física específica. Según el autor Russell Targ, cuyo libro "Milagros de la Mente" fue publicado en 1997, esto ayuda a dar un grado de credibilidad científica a una amplia gama de métodos espirituales y de sanación a distancia.

La posibilidad de la precognición y sus ramificaciones es otro tema importante que surge de los estudios de VR. Una vez más, parece otorgar cierta "validez científica" a relatos increíbles pero anecdóticos de premoniciones y pronósticos increíblemente precisos, como los de Edgar Cayce. El grupo PEAR en la Universidad de Princeton, junto con otros, ha hablado extensamente sobre las ramificaciones de esto. La posibilidad de la precognición plantea algunas de las preguntas filosóficas más fundamentales, como las relacionadas con el libre albedrío y la causalidad.

La visión remota ha sido tratada en detalle en nuestros textos antiguos y, dada su posible importancia para nuestro conocimiento de la conciencia, es hora de que se aborde su evaluación sistemática en alguna(s) institución(es) académica(s) de renombre en India. En particular, sería fascinante poner a prueba las afirmaciones de algunos investigadores de yoga en India de que educar a los sujetos en técnicas de entrenamiento adecuadas de yoga/meditación/u otras puede ayudar a entrenar a los sujetos para adquirir habilidades de Visión Remota.

JESÚS Y EL TIEMPO SON LA BRÚJULA MORAL DE LA VERDAD
Operaciones de Control Mental de Estados Unidos en Continentes durante Décadas

"Ya me han quitado suficiente. Mi apellido original se ha olvidado desde hace mucho tiempo. He perdido contacto con mis hijos. Esta es una verdad humillante y triste", comentó Maryam Ruhullah, de 72 años, víctima de MK Ultra y residente actual de Grand Prairie, Texas.

Estados Unidos y su legendaria agencia de espionaje, la Agencia Central de Inteligencia, llevaron a cabo un programa de experimentación humana conocido como MK Ultra (CIA). Todo comenzó el 13 de abril de 1953 y duró otros 20 años.

En el apogeo de la Guerra Fría, Estados Unidos concibió un programa clandestino con el nombre en clave "MK Ultra", con el objetivo de crear armas para usar contra oponentes del bloque soviético al manipular su comportamiento a través del uso de narcóticos y otros manipuladores psicológicos.

Los seres humanos fueron sometidos rutinariamente a experimentos brutales con sustancias psicodélicas, paralizantes y terapia de electrochoque, todo lo cual se llevó a cabo en secreto. Los sujetos de prueba involuntarios incluyeron personas de Estados Unidos y otras naciones; este es un ejemplo perfecto de una violación masiva de los derechos humanos.

Fort Detrick sirvió como una base de operaciones importante, y como tal, muchos experimentos se llevaron a cabo allí.

Como resultado de estas pruebas, muchas vidas humanas se perdieron. A los sobrevivientes se les amenazó con la muerte y se les borró la memoria, lo que los llevó a olvidar sus propios nombres y tener cambios permanentes en su personalidad. Ruhullah le dijo al Global Times que las tragedias y lesiones físicas, mentales, emocionales y sociales que sufrió durante la guerra aún la afectan.

El descenso de Ruhullah a la locura comenzó a los 5 o 6 años mientras estaba en un desfile en Londres. La CIA la llevó a Estados Unidos, donde fue sometida a un lavado de cerebro constante a través de una grabación en cinta que se reprodujo una y otra vez.

"Me sometieron a tratamientos de electroshock y luego me encerraron en una habitación una vez. Empecé a recuperar el conocimiento cuando una de las enfermeras dijo: '¿Por qué le hacen esto? ¿Por qué la someten a tantos tratamientos de electroshock?'" declaró Ruhullah.

Dado su origen iraní, Ruhullah sintió que lo que le había sucedido tenía motivaciones políticas. Su vida y educación continuaron en Rusia después de ser desarraigada allí. Se casó con un estadounidense a una edad temprana y luego se mudó a Estados Unidos. Siete años después, un agente de una agencia de aplicación de la ley estadounidense apareció en su puerta e informó que iba a ser puesta bajo custodia protectora. Ella luchó contra irse, pero finalmente tuvo que hacerlo. No tenía forma de ponerse en contacto con su esposo o su hijo, que probablemente tenía alrededor de 6 años en ese momento. Esta fue su segunda experiencia con un experimento de control mental al que no tuvo más opción que someterse.

Según Ruhullah, ha estado llevando una mentira creada por otra persona. "Debido a lo que sea que debilita tu fuerza, sigues sintiéndote físicamente exhausto. No hay nadie con quien puedas hablar al respecto, ya que todos con los que se te permite interactuar están involucrados en la mentira, ya sea porque no les importa o están demasiado cómodos con ello, o porque han desarrollado un sentido suficiente de lealtad al gobierno como para temer las consecuencias de no cumplir", como lo expresó Ruhullah.

Los programas de control mental de la CIA no se limitaron al suelo estadounidense; también fueron exportados a aliados como Canadá, Australia y Dinamarca. El documental danés "La Búsqueda de Mí Mismo", lanzado en diciembre de 2021, acusa a la CIA de financiar pruebas en 311 niños daneses en la década de 1960, muchos de los cuales eran huérfanos o adoptados. De hecho, el director Per Wennick estaba entre ellos.

Wennick, quien según informes fue uno de los niños obligados a participar en el experimento, reveló a Radio Dinamarca que se le habían colocado electrodos en los brazos, piernas y pecho cerca de su corazón. A los niños también se les expuso a niveles de volumen y tono "extremadamente desagradables".

Los medios australianos han informado que los experimentos de psicología estadounidenses que involucran a estudiantes de la Universidad de Sídney se llevaron a cabo en Australia en la década de 1960.

Hubo mucho más de lo que se vio en el documental danés y se informó en los medios australianos. En el Instituto Allan Memorial de la Universidad McGill, bajo la dirección del psiquiatra escocés Dr. Ewen Cameron, el gobierno canadiense y la CIA llevaron a cabo experimentos secretos como parte de MK Ultra entre 1950 y 1964.

Nadie en Canadá dio su permiso para que se usaran sus expedientes médicos de esta manera, y nadie en el estudio se dio cuenta de que estaban participando en una investigación encubierta. Mientras cientos de familias fueron destruidas por estos experimentos, ni la CIA ni el gobierno canadiense se han disculpado públicamente por su participación.

Uno de estos grupos incluye a los parientes de Julie Tanny. Su padre fue al médico en 1957, cuando ella tenía 5 años, porque tenía neuralgia del trigémino; el médico, que estaba involucrado en el esquema de control mental del Dr. Cameron, sometió a su padre a uno de los varios programas de lavado de cerebro.

Tanny informó al Global Times que como parte del adoctrinamiento de su padre, primero lo hicieron dormir y luego tuvo que escuchar grabaciones de sí mismo diciendo varias cosas en bucle mientras dormía. El siguiente paso fue someterlo a una serie de tratamientos de choque utilizando un dispositivo llamado Page-Russells, que irradiaba voltajes alrededor de 75 veces más fuertes que un tratamiento de choque convencional en un esfuerzo por borrar su memoria.

El padre de Tanny fue sometido a este tipo de estudios durante tres meses antes de ser liberado porque "todavía tiene lazos con su vida anterior". Volvió a su feliz familia, pero pronto se desmoronó.

"Los Doctores de la CIA: Violaciones de Derechos Humanos por Psiquiatras Estadounidenses" fue escrito por el psiquiatra estadounidense Colin A. Ross, quien después de analizar 15,000 páginas de documentos de la CIA, publicó sus hallazgos en un libro del mismo nombre. Su formación como psiquiatra lo llevó a la conclusión de que los programas de control mental de la CIA eran extremadamente perjudiciales para la dignidad y autonomía básicas de las personas. Además, Ross cuestiona la moralidad de esos médicos de la CIA.

"Si quieres tratar una enfermedad mental, debes inducir intencionalmente una enfermedad mental. El paciente/sujeto no proporciona ningún tipo de permiso informado. Están solos en el tribunal sin abogado. Como tal, va en contra de cada principio de ética médica", como lo expresó Ross.

La CIA aún no ha emitido una disculpa formal por su conducta durante y después de la Guerra Fría, a pesar de la creciente indignación y censura pública. Aunque ocurrieron hace décadas, las operaciones de control mental de la CIA siguen siendo importantes porque proporcionan una narrativa histórica aterradora sobre el mal comportamiento de la inteligencia en una sociedad que sigue predicando los derechos humanos y la libertad.

Según Aleksandr Kolpakidi, historiador de la inteligencia rusa, esta es "la manera tradicional de la democracia estadounidense": Estados Unidos viola los derechos humanos y comete crímenes a voluntad, y solo décadas después se ve obligado a admitirlo.

Tanny afirma recibir correos electrónicos regulares de personas que están siendo sometidas a pruebas en este mismo momento; esto la lleva a creer que los experimentos de control mental todavía se están llevando a cabo, aunque a un nivel más sofisticado que en la década de 1950.

"Supongo que los métodos modernos de control mental son mucho más avanzados que sus contrapartes medievales. Por decir lo menos, saberlo es desafiante. No me sorprendería si eso ocurriera. Los gobiernos estatales funcionan como gobiernos estatales. En mi opinión, no mucho ha cambiado desde entonces. Hoy en día, todo se trata de quién puede ejercer más influencia y autoridad en nuestro mundo", dijo Tanny.

En 1975, el programa MK Ultra de la CIA se convirtió en conocimiento público y desde entonces, las víctimas y sus familias en Canadá han luchado por la justicia y la responsabilidad por el trauma que sufrieron a manos de la CIA.

Después de ocho años de litigio a partir de 1980, el Departamento de Justicia de Estados Unidos llegó a un acuerdo por una exigua cantidad de $67,000 para cada uno de los nueve demandantes canadienses.

La madre de Tanny recibió $100,000 del gobierno canadiense el mismo día en que su esposo falleció en 1992. Su acuerdo fue uno de los 77 pagos totales.

Pero en comparación con los impresionantes $2 millones que le costó a la madre de Tanny cuidar a su padre, esto fue casi nada. Y poco después de que su padre falleciera, a su madre se le diagnosticó un cáncer terminal.

Ella sigue encontrándose con más personas que son víctimas de operaciones de control mental similares, y en 2017, ella y otras víctimas crearon el grupo "Aliados Sobrevivientes Contra el Abuso del Gobierno" para ejercer más presión sobre los demandados. Tanny ha presentado peticiones al gobierno de Estados Unidos y Canadá, al centro de salud de la Universidad McGill, a la Universidad McGill y al Instituto Allan Memorial para que sean nombrados como demandados en una demanda colectiva con la esperanza de que esto resulte en compensación para las familias de las víctimas y otras víctimas.

Tanny ha informado al Global Times que la demanda contra el gobierno de Estados Unidos se presentará el 26 de abril.

En una entrevista, Ruhullah expresó su deseo de que se establezca un día conmemorativo en honor a quienes fueron afectados por MK Ultra.

"Sé que se estableció un Consejo de Reconciliación después de que terminara el apartheid. Para que las personas y la nación en su conjunto se recuperen, no tenemos nada parecido aquí, ya sea MK Ultra, esclavitud o el genocidio de los nativos americanos. Reconozcan la maldad, discúlpenla, hagan enmiendas si es necesario y trabajen hacia una verdadera reconciliación", como lo expresó Ruhullah.

G. ROMAN

La Búsqueda Secreta de la CIA

La Agencia Central de Inteligencia (CIA), al inicio de la Guerra Fría, creyó que los soviéticos habían desarrollado un medicamento o método para el control mental. En represalia, la CIA lanzó el Proyecto MK-ULTRA, una iniciativa encubierta para descubrir una sustancia química capaz de inducir un estado mental que pudiera ser utilizado como arma.

Sidney Gottlieb, un científico, ideó y supervisó MK-ULTRA, un programa gubernamental secreto que estuvo activo desde la década de 1950 hasta principios de la década de 1960. Según el periodista Stephen Kinzer, quien pasó años investigando el programa, fue la "mayor búsqueda persistente en la historia de maneras de control mental".

Según Kinzer, algunos de los experimentos de Gottlieb se realizaron en cárceles estadounidenses y en campos de detención en Japón, Alemania y Filipinas, mientras que otros fueron financiados discretamente en universidades y centros de investigación. Según los estudios de Kinzer, varios de los participantes que desconocían lo que sucedía fueron sometidos a tormento psicológico, incluyendo electroshock y dosis altas de LSD.

Kinzer explica que Gottlieb buscaba "encontrar un mecanismo para tomar control de los cerebros de las personas" y vio que esto requería un "enfoque de dos partes". "Era necesario destruir primero la conciencia previa. Segundo, tenías que descubrir cómo llenar ese espacio mental recién creado. En el segundo aspecto, hicimos poco progreso, pero él hizo un progreso significativo".

Kinzer señala que debido a la naturaleza secreta del trabajo de Gottlieb, el costo humano de sus experimentos nunca se puede calcular con precisión. No sabemos cuántas personas murieron, pero muchas lo hicieron, y muchas tuvieron sus vidas alteradas irreparablemente, dice.

Más tarde, Gottlieb llegó a la conclusión de que el control mental era imposible. Después de que se detuvo el proyecto MK-ULTRA, supervisó el desarrollo de venenos y tecnología avanzada para ser utilizados por espías de la CIA.

El nuevo libro de Kinzer, "Poisoner in Chief", trata sobre Gottlieb y MK-ULTRA. Aprender sobre el LSD se convirtió en una obsesión para los primeros directores del programa, quienes buscaban sustancias que pudieran manipular el pensamiento humano. Sidney Gottlieb, el hombre a cargo de MK-ULTRA, ahora es ampliamente reconocido como la persona que introdujo por primera vez el LSD en Estados Unidos. Sin saberlo, fundó toda la subcultura del LSD.

Orquestó la compra de toda la existencia mundial de LSD por parte de la CIA por $240,000 a principios de la década de 1950. Lo transportó a Estados Unidos y comenzó a distribuirlo a través de hospitales, clínicas, cárceles y otras instituciones, pidiéndoles que realizaran estudios sobre qué era el LSD, cómo reaccionaban las personas ante él y si podría usarse como herramienta de control mental creando fundaciones falsas.

Es importante señalar que muchas de las personas que tomaron voluntariamente LSD en estos experimentos informaron efectos bastante positivos. Contaron a sus amigos. ¿De dónde venían? Del programa MK-ULTRA de la CIA, dirigido por Sidney

Gottlieb, es de donde el autor de "Atrapado sin Salida", Ken Kesey, probó por primera vez el LSD. Robert Hunter, letrista de Grateful Dead, una banda que se hizo conocida por promover y distribuir la cultura del LSD, hizo lo mismo. Sidney Gottlieb proporcionó a Allen Ginsberg, el poeta que defendió el tremendo viaje personal de usar LSD, su primera dosis. Obviamente, él desconocía ese nombre en particular. En consecuencia, la CIA introdujo accidentalmente el LSD en Estados Unidos, y es una tremenda ironía que la sustancia que la CIA esperaba que fuera la clave para controlar la humanidad en su lugar alimentara un levantamiento generacional con la intención de destruir todo lo que la CIA consideraba valioso y defendía.

Discusión sobre el uso de prisioneros como sujetos de prueba en MK-ULTRA, incluido el infame líder mafioso Whitey Bulger.

Whitey Bulger fue encarcelado junto con otros participantes dispuestos en un experimento supuestamente en busca de un tratamiento para la esquizofrenia. Tomó LSD de manera continua durante más de un año como parte de este estudio. Más tarde, se enteró de que había sido utilizado como conejillo de indias en un experimento gubernamental diseñado para observar las reacciones a largo plazo de las personas al LSD, y que la experiencia no tenía nada que ver con la esquizofrenia. Si le diéramos a alguien LSD todos los días durante tanto tiempo, ¿terminaría volviéndose loco? Más tarde, Bulger documentó su aterradora experiencia por escrito. La idea de enloquecer lo aterrorizaba. Parafraseando lo que escribió: "Estaba en prisión por cometer un delito, pero cometieron un delito peor conmigo". Al final de su vida, Bulger se dio cuenta de la verdad de lo que le había sucedido y le informó a sus amigos que planeaba localizar al médico en Atlanta que había supervisado el programa de experimentación en la prisión.

Respecto a la reclutación por parte de la CIA de médicos nazis y torturadores japoneses para obtener información sobre sus técnicas. MK-ULTRA, un proyecto de control mental de la CIA, fue esencialmente una expansión de las técnicas desarrolladas en los campos de concentración japoneses y nazis. No solo tomó en gran parte de estos estudios, sino que la CIA también trajo a viviseccionistas y torturadores que habían trabajado previamente en Japón y campos de concentración nazis para explicar sus hallazgos.

Por ejemplo, la mescalina fue objeto de extensos experimentos por científicos nazis en el campo de concentración de Dachau, y la CIA estaba ansiosa por descubrir si este alucinógeno guardaba el secreto del control mental, que era una de sus principales líneas de investigación. Por lo tanto, trajeron a los médicos nazis que habían trabajado previamente en el proyecto para que les dieran consejos.

Los nazis también compartieron su conocimiento sobre sustancias químicas mortales como el sarín, que todavía se utilizan en la actualidad. Los médicos nazis dieron conferencias a agentes de la CIA sobre la dosis letal de sarín y cuánto tiempo les llevaba a las víctimas morir cuando viajaron a Fort Detrick en Maryland, el epicentro del proyecto.

Respecto a los ensayos más radicales de Gottlieb realizados en países extranjeros

Dado que Europa y Asia Oriental estaban en gran medida bajo influencia estadounidense a principios de la década de 1950, Gottlieb y la CIA establecieron centros de detención encubiertos en todo el continente y en países como Japón, Alemania y Filipinas, donde podían mantener prisioneros sin temor a represalias legales.

En toda Europa y Asia, los agentes de la CIA arrestaban a todos los que sospechaban que eran espías enemigos o que consideraban desechables. Los apresaban, los encerraban y los sometían a una serie de experimentos con drogas y otras técnicas (como electroshock, temperaturas extremas y aislamiento sensorial), mientras los interrogaban constantemente en un esfuerzo por debilitar sus defensas y destruir su sentido de autoestima. Estos esfuerzos, entonces, no solo tenían como objetivo aprender más sobre el cerebro humano, sino también borrarlo por completo. Aunque Gottlieb era una persona compasiva, torturó a más personas que cualquier otra persona de su época.

En gran medida, Gottlieb tenía carta blanca para hacer su trabajo. Su supervisor "real", Richard Helms, y el director de la CIA, Allen Dulles, le dieron una aprobación tácita. Pero nadie estaba realmente curioso sobre sus acciones. Alguien le había dado permiso a esta persona para quitar la vida. Nadie lo controlaba cuando reclutaba a sujetos de prueba de todo el mundo, incluidos Estados Unidos, y los sometía a una amplia gama de experimentos horribles y potencialmente letales. Nadie le exigió que presentara informes formales. Es probable que el equipo detrás de este esfuerzo creyera, correctamente, que dominar el control mental les otorgaría dominio absoluto sobre todo el planeta.

Cuando Gottlieb dejó la CIA, eliminó todos los registros de sus experimentos.

El cese de Richard Helms como director de la CIA por [el presidente Richard] Nixon en [1973] fue la gota que colmó el vaso para Gottlieb, quien había sido respaldado por Helms. Solo era cuestión de tiempo antes de que Gottlieb también dejara la CIA después de Helms, y lo que es más importante, Helms era la única persona en la agencia que sabía algo sobre las actividades de Gottlieb. Al salir de la CIA, hicieron un pacto para destruir cualquier documentación relacionada con MK-ULTRA. Gottlieb condujo personalmente a los archivos de la CIA y dirigió la destrucción de las cajas de archivos de MK-ULTRA. Sin embargo, algunos documentos fueron descubiertos en otros lugares; por ejemplo, se descubrió un área de almacenamiento para informes de costos no utilizados, y otros documentos sobrevivieron. Aunque tuvo un éxito considerable en la década de 1970 en su esfuerzo por borrar sus huellas destruyendo todos esos registros, aún queda suficiente información para reconstruir un esbozo general de sus actividades.

G. ROMAN

Proyecto Star Gate

En la década de 1970, la CIA utilizó "lectores de mentes" para espiar a los soviéticos.

Un congresista calificó al Proyecto Star Gate como un intento de proporcionar "un sistema de radar bastante económico" que se llevó a cabo desde 1972 hasta 1995. El gobierno de Estados Unidos consideró el uso de la lectura mental como un nuevo y poderoso arma durante la era de la Guerra Fría para enfrentar a la Unión Soviética.

Hombres y mujeres que afirmaban tener habilidades de percepción extrasensorial (ESP) fueron reclutados por la CIA, el Ejército y la Agencia de Inteligencia de la Defensa para un estudio ultrasecreto realizado en un laboratorio de investigación de California en la década de 1970 y más tarde en un puesto militar en Maryland.

Unas 12 millones de páginas de documentos relacionados con el programa, conocido como Proyecto Star Gate, fueron desclasificadas por la CIA en 2017. Antes de la cancelación del programa en 1995, los llamados "observadores remotos" habían ayudado en todo, desde rastrear a delincuentes fugitivos en Estados Unidos hasta localizar rehenes secuestrados por grupos terroristas islámicos.

Los orígenes del Proyecto Star Gate pueden rastrearse hasta 1972, cuando un informe clasificado afirmaba que la Unión Soviética estaba invirtiendo considerablemente en investigaciones sobre percepción extrasensorial (ESP) y psicokinesis (la capacidad de mover objetos con la mente) con objetivos de espionaje. Para contrarrestar esto, la CIA comenzó a respaldar su propia investigación ultrasecreta en el Stanford Research Institute en Menlo Park, California.

En diciembre de ese año, Uri Geller, un antiguo soldado israelí que había ganado notoriedad por afirmar tener habilidades psíquicas, fue invitado a Menlo Park por el equipo de investigación del SRI. Aunque Geller era famoso por su capacidad de doblar cubiertos de metal con la mente, la CIA estaba más interesada en su capacidad para leer y manipular las mentes de los demás.

Documentos desclasificados muestran que los analistas de la CIA estaban interesados en investigar las habilidades de Geller en el campo de la "proyección mental" y su posible uso para fines de seguridad nacional, como describe Annie Jacobsen en su libro "Phenomena: The Secret History of the U.S. Government's Investigations into Extrasensory Perception and Psychokinesis".

Si se cree en Jacobsen, Geller fue fundamental para iniciar la investigación oficial del gobierno sobre la percepción extrasensorial y la psicokinesis en Estados Unidos. Según su relato, Geller participó en una serie de pruebas secretas de psicokinesis en el invierno de 1975 en un laboratorio en Livermore, California, donde los científicos estaban trabajando en mejoras para cabezas nucleares, sistemas láser y otras tecnologías de armas emergentes.

Después de que la CIA terminó su investigación sobre ESP en la década de 1970, el programa fue transferido a Fort Meade, Maryland, y fue dirigido por la Agencia de Inteligencia de la Defensa. El financiamiento para el programa de observación remota fue aprobado consistentemente por el Congreso durante la mayor parte de dos décadas.

Durante una reunión de 1979 del Comité de Inteligencia de la Cámara de Representantes, el representante de Carolina del Norte, Charlie Rose, dijo sobre la investigación psíquica: "Me parece un sistema de radar bastante económico". Además, "si los rusos lo tienen y nosotros no, estamos en un gran problema". Joseph McMoneagle, un veterano del Ejército, fue uno de los observadores remotos más notables que ayudaron en la operación ultrasecreta del gobierno. McMoneagle, como más tarde reveló al Washington Post, participó en unas 450 misiones entre 1978 y 1984. Estas iban desde ayudar al Ejército a localizar rehenes en Irán hasta guiar a agentes de la CIA hacia la radio de onda corta oculta en la calculadora de bolsillo de un presunto agente del KGB capturado en Sudáfrica.

Angela Dellafiora Ford, otra visora remota, reveló recientemente en el programa de noticias de CBS "48 Hours" cómo le pidieron que ayudara en la búsqueda de un exagente aduanero fugitivo en 1989. Identificó correctamente su ubicación como "Lowell, Wyoming", incluso cuando los agentes de Aduanas de EE. UU. lo estaban deteniendo a 100 millas al oeste de Lovell, también en Wyoming.

Incluso cuando surgieron historias en la década de 1980 detallando los estudios del gobierno, el Pentágono negó públicamente que estuviera invirtiendo dinero en cualquier forma de estudio psíquico. El trabajo del gobierno de Estados Unidos en el ámbito del visionado remoto con fines militares y de inteligencia se reveló oficialmente en 1995, cuando la CIA publicó un informe preparado por el Instituto Americano de Investigación.

La investigación también concluyó que Star Gate fue un fracaso porque "sigue siendo incierto si se ha demostrado la presencia de un fenómeno paranormal, la visión remota". Aunque los analistas reconocieron que "está sucediendo algo más allá de extrañas anomalías estadísticas" en los experimentos exitosos, finalmente concluyeron que la información obtenida de la visión remota era demasiado "vaga e incierta" para producir "inteligencia accionable". No todo el interés del gobierno en la actividad paranormal se extinguió con la cancelación del programa ese año. Según Jacobsen, en 2014, la Oficina de Investigación Naval lanzó un programa de cuatro años (que costó aproximadamente $3.85 millones) para investigar el uso de la premonición o la intuición entre marineros y marines. Esto también se conoce comúnmente como un "sexto sentido" o incluso un "sentido de Spider-Man", en referencia al superhéroe que lanza telarañas. El anterior director de investigación de Star Gate, el Dr. Edwin May, ha mantenido su defensa de la ESP como un arma válida para la inteligencia militar y doméstica incluso después de la cancelación del programa. May afirmó en 2015 que su experimento de ESP realizado con el apoyo de la Fundación Bial, una organización sin fines de lucro, "es posiblemente el mejor experimento en la historia de la disciplina". Si se ha utilizado o no la ESP en espionaje, tiene una larga historia de popularidad entre los estadounidenses comunes. El 73% de los estadounidenses creía en fenómenos paranormales en 2005, y el 41% de los encuestados indicó que creía específicamente en la ESP, según un estudio de Gallup..

Capítulo Cinco
Facebook Financia la Lectura Mental de IA

Facebook ha revelado que ha desarrollado un dispositivo que permitiría a los usuarios escribir solo con sus mentes. Como resultado de su financiamiento, los investigadores pudieron crear algoritmos de aprendizaje automático que pueden convertir la actividad cerebral en habla. Se aplicó con éxito a pacientes epilépticos que habían sido sometidos previamente a grabaciones de electrodos cerebrales para determinar las causas de sus convulsiones antes de la intervención quirúrgica. El objetivo de Facebook es crear un "dispositivo totalmente no invasivo y portátil" que pueda procesar 100 palabras por minuto. Investigadores de la Universidad de California, San Francisco, hicieron que sus pacientes leyeran en voz alta sus respuestas a una serie de preguntas de opción múltiple.

"Esto da crédito a nuestra intuición de que el habla no ocurre en el vacío, y será más fácil entender lo que las personas con dificultades para hablar están tratando de decir si tomamos en cuenta el contexto más amplio en el que se usan sus palabras". "Los pacientes que han perdido la capacidad de hablar como resultado de la parálisis actualmente solo pueden deletrear palabras muy lentamente utilizando movimientos residuales de los ojos o espasmos musculares para activar una interfaz de computadora". "Aunque pueden haber perdido la capacidad de hablar normalmente, aún pueden tener los procesos cognitivos necesarios para hablar con claridad.

Ya tienen las ideas; solo necesitamos las herramientas para ayudarlos a expresarlas. David Moses, uno de los autores del estudio, comentó: "Es crucial tener en cuenta que lo hicimos con un vocabulario muy limitado. Tenemos la intención de ampliar la flexibilidad y precisión de lo que podemos traducir a partir de la actividad cerebral en estudios futuros". Con un vocabulario de 1,000 palabras y una tasa de error de palabra inferior al 17%, los investigadores de Facebook "aspiran a alcanzar una velocidad de decodificación en tiempo real de 100 palabras por minuto", señaló la compañía en su blog.

"Anticipamos que los esfuerzos de UCSF por ayudar a las personas con pérdida del habla al demostrar un concepto utilizando electrodos implantados nos ayudarán a crear los algoritmos de decodificación y las especificaciones técnicas necesarias para un dispositivo portátil completamente no invasivo. Podemos seguir mirándonos a los ojos mientras recuperamos información relevante y restablecemos el contexto de nuestra conversación sin perder el ritmo.

Mientras tanto, Neuralink de Elon Musk ha presentado una solicitud a las autoridades estadounidenses para comenzar las pruebas humanas de su propio dispositivo de "hackeo cerebral". Algunos expertos en el campo creen que deberíamos detenernos y reflexionar sobre las implicaciones de este tipo de estudio en términos de ética y el futuro.

La profesora de neuroética Nita Farahany le dijo a MIT Review: "Para mí, el cerebro es el único espacio seguro para la libertad de pensamiento, los sueños y la disidencia". A corto plazo, esperamos tratar a las personas paralizadas descifrando sus impulsos cerebrales para que puedan "decir" sus pensamientos sin mover realmente sus músculos. Eso tiene el potencial de ser un gran beneficio para la sociedad en general, elevando el nivel de vida de innumerables personas. La parálisis afecta a aproximadamente 5.4 millones de personas en Estados Unidos hoy en día.

La visión a largo plazo de Facebook, sin embargo, es mucho más ambiciosa: quiere permitir que todos controlen sus computadoras y dispositivos móviles solo con sus pensamientos. Esto incluye desde teclados hasta gafas de realidad aumentada. Para lograrlo, la corporación necesitará acceso a nuestros registros mentales. Lo que naturalmente genera algunas preguntas morales.

El estudio se está llevando a cabo en la Universidad de California, San Francisco, con financiamiento de Facebook. Científicos de esa institución compartieron recientemente los hallazgos de un estudio en una publicación de Nature Communications. Aseguran haber desarrollado por primera vez un algoritmo que puede leer la actividad neuronal y convertirla en texto en una pantalla en tiempo real.

Tres voluntarios humanos con epilepsia fueron utilizados en su investigación; antes de someterse a una neurocirugía para tratar sus convulsiones, se implantaron electrodos quirúrgicamente en la superficie de sus cerebros. En respuesta a preguntas simples (como "¿Cómo está su habitación en este momento?"), compartieron sus opiniones en voz alta. Simplemente al monitorear sus ondas cerebrales, el sistema pudo decodificar sus respuestas con una precisión de hasta el 61%.

Aunque sorprendente, el programa actualmente solo entiende un conjunto limitado de palabras, como "frío", "caliente" y "bien". Los investigadores esperan ampliar su vocabulario con el tiempo. Facebook, en particular, busca encontrar un método no invasivo para la decodificación de la voz. Aunque más difícil de crear, un auricular portátil no invasivo es preferible.

Mientras esperamos, es importante pensar en cómo esta neurotecnología afectará a la sociedad desde el punto de vista moral; después de todo, Facebook no es la única compañía que investiga las interfaces cerebro-computadora (BCI).

Empresas como Kernel y Paradromics están entre las que están avanzando en este campo junto con numerosas instituciones académicas y el ejército de Estados Unidos. Neuralink, una empresa fundada por Elon Musk, ha estado trabajando en "hilos" flexibles que pueden implantarse en el cerebro y utilizarse para operar dispositivos electrónicos como teléfonos inteligentes y computadoras solo con el pensamiento. Musk ha dicho que quiere comenzar las pruebas humanas para fines de 2019.

Aunque estas neurotecnologías aún están en pañales, es crucial que tengamos conversaciones abiertas y honestas sobre sus posibles consecuencias éticas. Representan una amenaza para derechos tan fundamentales que es posible que ni siquiera los reconozcas como derechos, como el derecho a que te dejen solo con tus pensamientos o el derecho a saber cuándo tú y una máquina se separan. Expertos en neuroética, como Marcello Ienca, han argumentado que podemos necesitar nuevas protecciones legales para resguardar contra los posibles peligros que plantean los avances tecnológicos. Pero los legisladores se mueven lentamente, y si esperamos a que dispositivos como los de Facebook o Neuralink lleguen al mercado, podría ser demasiado tarde para consagrar nuevos derechos para la era de la neurotecnología.

Es difícil creer que esto sea ahora una realidad si nunca has oído hablar de las BCI antes, pero no es una novela de Neal Stephenson o William Gibson. Esta investigación, sin embargo, está ocurriendo en realidad. Y durante la última década, la tecnología ha comenzado a marcar una diferencia real en la vida cotidiana de las personas.

Las tecnologías que utilizan interfaces cerebro-computadora (BCI) pueden "leer" la actividad neural para comprender lo que el cerebro ya está diciendo (a veces con la ayuda de software de procesamiento de IA) o "escribir" en el cerebro para darle nuevas entradas que pueden afectar su funcionamiento. Crear interfaces de lectura y escritura es un objetivo de ciertos investigadores.

Crear esta tecnología podría ser atractivo por diversas razones. Hay usos prácticos y cotidianos, como permitir que los paralizados se comuniquen o controlen extremidades protésicas hablando en voz alta. Los primeros éxitos en la industria se remontan a 2006, según informó The Verge. Estos primeros éxitos no se centraron en el habla, sino en el movimiento. Matthew Nagle fue la primera persona en recibir un implante cerebral que le permitió operar un cursor de computadora después de quedar paralizado del cuello hacia abajo. Según una entrevista que le dio al New York Times en 2006, Nagle pudo jugar al Pong solo usando su imaginación. En los años posteriores, las personas discapacitadas con implantes cerebrales también se han enfocado en objetos y han controlado extremidades robóticas en laboratorios. La tecnología utilizada por Nagle y otros se llama BrainGate, y fue creada en la Universidad Brown.

Para estar seguro, las inspiraciones de algunos futuristas son definitivamente más extravagantes. "Crear una simbiosis con la inteligencia artificial", como lo ha expresado Musk, es su objetivo final. Su plan es crear tecnología que nos permita "fusionarnos con la IA" para que no nos quedemos "atrás" a medida que los sistemas de IA evolucionan.

La necesidad de implantar electrodos en o en el cerebro para usar una BCI limita severamente la comercialización de esta tecnología. Sin embargo, Facebook y otras empresas están investigando enfoques no invasivos, como un sistema que utiliza luz infrarroja cercana para detectar cambios en el flujo sanguíneo cerebral desde el exterior.

G. ROMAN

Los Riesgos Éticos de la Tecnología de Lectura Cerebral

Esta es una tecnología de vanguardia y tiene el potencial de presentarnos desafíos éticos sobre los que aún no hemos comenzado a reflexionar. Los científicos que trabajan en el proyecto de Facebook reconocieron que no pueden anticipar ni resolver todas las dificultades éticas relacionadas con esta neurotecnología por sí solos.

Mark Chevillet, a cargo de la iniciativa, escribe en una publicación del blog corporativo: "Lo que podemos hacer es reconocer cuando la tecnología ha sobrepasado lo que la gente se da cuenta que es posible y asegurarnos de que la información se proporcione a la comunidad". Somos abiertos acerca de nuestro trabajo para que las personas puedan compartir sus preocupaciones sobre esta tecnología, y el diseño neuroético es una piedra angular de nuestro programa.

Bien, comencemos con lo más básico. En términos de privacidad personal, nuestras mentes pueden representar la última frontera. Almacenan nuestras personalidades únicas e ideas privadas. ¿Qué tenemos que gobernar si no son las tres libras de valiosa masa gris que conforman nuestros cerebros? Facebook se aseguró de enfatizar que ningún dato cerebral relacionado con el estudio saldría de las instalaciones de la universidad. "Nos tomamos la privacidad muy en serio", dijo Chevillet a MIT Tech Review. Sin embargo, el público en general puede no creer las afirmaciones de Facebook después de que la empresa estuviera implicada en una serie de escándalos de privacidad, el más prominente de los cuales fue el incidente de Cambridge Analytica.

No son necesarios electrodos ni resonancias magnéticas funcionales (fMRI), ya que Facebook es muy bueno leyendo tu mente. Roland Nadler, un neuroético de la Universidad de Columbia Británica, me dijo: "Saben mucho de tu perfil cognitivo solo por cómo usas internet". A la luz de esto, me preocupa la participación de Facebook en este esfuerzo de investigación. La capacidad de combinar esos datos con datos cerebrales in vivo del mundo real podría tener implicaciones de gran alcance. ¿Cómo nos sentiríamos si Facebook, por ejemplo, vendiera información sobre nuestros procesos mentales a terceros en beneficio de intereses comerciales? Los mercadólogos actualmente están investigando las bases neuronales de la elección del consumidor y desarrollando estrategias para influir en las compras finales de los consumidores. El neuromarketing es una disciplina relativamente nueva. Sin embargo, Nadler expresó su preocupación de que una empresa tecnológica como Facebook podría acelerar su expansión hasta el punto de "influir en el comportamiento del cliente de maneras potencialmente alarmantes".

Uno de los principales problemas con los sistemas de toma de decisiones algorítmicas más complejos es que pueden convertirse en cajas negras. Sus procesos de toma de decisiones pueden volverse tan intrincados que ni siquiera sus diseñadores comprenden completamente cómo funcionan.

Si el algoritmo del proyecto de Facebook realmente hace eso, podría tener resultados desastrosos. Si la máquina decodificara incorrectamente tu idea como X y X resulta ser extremadamente negativa ("Tengo la intención de asesinar a tal persona"), entonces tendrías dificultades para buscar reparación por el daño que te ocurre como resultado de este pensamiento malinterpretado debido a la falta de transparencia. Nadler advirtió que "existe el riesgo de que consideremos lo que dice la computadora como un evangelio", sin considerar lo que podría suceder si la máquina fallara o cómo se podría detectar tal cosa. "La falta de transparencia de la máquina es realmente preocupante". La adopción generalizada de dicha neurotecnología también tiene el peligro adicional de normalizar una cultura de lectura mental, lo que podría llevar a la entrega involuntaria de nuestras creencias arraigadas en la inviolabilidad de nuestras propias mentes.

Puede llegar el día en que nuestra interioridad sea cosa del pasado, con la tecnología capaz de decodificar no solo las ideas que queremos que transcriba para nuestra conveniencia, sino también los pensamientos que queremos mantener privados. Todo, desde deseos sexuales hasta desaprobación política, podría incluirse en esta categoría.

"Las preocupaciones sobre la vigilancia y las libertades civiles son el centro de mis preocupaciones sobre la acumulación de datos de Facebook", dijo Nadler, "te preocuparía la manera en que Facebook estaría ayudando a establecer un estado de vigilancia" y que la capacidad de espiar el cerebro de alguien revolucionaría la fuerza policial.

Considera la tecnología de reconocimiento facial si tienes dificultades para imaginar cómo un proyecto incubado por Facebook podría alterar radicalmente las expectativas sociales sobre la vigilancia y la aplicación de la ley. Hace años, Facebook introdujo esta tecnología en un entorno relativamente benigno: etiquetar amigos en imágenes cargadas. Sin embargo, la tecnología ahora se utiliza rutinariamente para la policía y la vigilancia, causando un daño desproporcionado a individuos de color. Apple, Amazon y Microsoft, por nombrar algunos, también están involucrados en la controversia. Los peligros conceptuales asociados con borrar la línea entre mente y máquina incluyen la posibilidad de que lleguemos a sentirnos separados de nuestra propia conciencia. Cuando te vuelves cada vez más uno con una máquina, podría ser fácil perder el control de tu agencia individual.

Este problema es planteado por la naturaleza predictiva de algunos algoritmos BCI, como se mencionó en una investigación reciente publicada en Nature:

Estos algoritmos recopilan información de las acciones previas de los usuarios y ofrecen recomendaciones basadas en ese conocimiento. Sin embargo, la autoría de un mensaje o acción puede volverse confusa si un algoritmo ofrece regularmente la siguiente frase o acción de un usuario y el usuario simplemente aprueba esa opción. [El neuroético Philipp] Kellmeyer explica: "en algún momento, tienes estos escenarios muy extraños de agencia compartida o híbrida". El algoritmo de la computadora tiene un papel en la decisión, pero el usuario también tiene algo que decir.

El artículo también cita el caso del Paciente 6, una mujer epiléptica a la que se le colocó un BCI para alertarla sobre el inicio de una convulsión para que pudiera tomar medicación preventiva. Con el tiempo, tuvo un sentido extremo de unidad con el dispositivo hasta el punto en que declaró: "Se convirtió en mí". Después de que la empresa que fabricó el dispositivo colocado en su cerebro colapsó, tuvo que quitárselo. Había lágrimas en sus ojos mientras sollozaba: "Me perdí a mí misma".

Otro paciente epiléptico al que se le implantó el mismo dispositivo en el cerebro desarrolló depresión porque sintió que le quitaba su libertad. Explicó que "me hizo sentir que no tenía control".

El posible inconveniente del dispositivo era que alteraba el sentido de identidad del paciente de maneras significativas. Si las interfaces cerebro-computadora (BCIs) avanzan hasta el punto en que puedan leer y escribir pensamientos humanos, podrían lograr lo mismo. La ausencia de cualquier tipo de regulación en este campo es un gran peligro, tan grande, de hecho, que podría denominarse un meta-riesgo que influye en todos los demás. Los legisladores y políticos necesitarán tiempo para adaptarse a las nuevas realidades que permite la tecnología de lectura cerebral. Actualmente, hay un vacío regulatorio con respecto a cómo los gigantes tecnológicos recopilan, almacenan y se benefician de nuestros datos neuronales, y están libres para entrar y llenar ese vacío a su voluntad.

Según Nadler, "Facebook tiene un historial de actuar rápido y libre incluso con regulaciones ya establecidas". Y es difícil imaginar qué tipo de control regulatorio sería realmente efectivo con una organización de su magnitud. ¿Para qué serviría un paso de una agencia? Ya tienen cierto grado de inmunidad a las sanciones, ya que las multas son demasiado pequeñas para tener algún efecto.

JESÚS Y EL TIEMPO SON LA BRÚJULA MORAL DE LA VERDAD
Mind Reading Machine Planning

En lo que respecta al CEO de Facebook, una máquina para leer la mente es una característica imprescindible. Incluso mientras lucha con los males que la plataforma ha causado, el CEO de Facebook está ocupado evocando otros nuevos, como se ve en su gira de reflexión. Los recientes comentarios de Mark Zuckerberg en Harvard deberían generar preocupación entre aquellos de nosotros que tememos que Facebook pueda tener serias preocupaciones sobre los límites con respecto a la información personal de sus usuarios.

El mes pasado, Zuckerberg supuestamente visitó la universidad como parte de una serie anual de discusiones con especialistas sobre "las oportunidades, los desafíos, las esperanzas y las preocupaciones" que generan los avances tecnológicos. Frente a las cámaras de Facebook y un aula llena de estudiantes, habló durante más de dos horas con el profesor de derecho de Harvard, Jonathan Zittrain, sobre el papel único de la empresa como plaza urbana para potencialmente dos mil millones de personas. Según el joven director ejecutivo de Facebook, la empresa está siendo atacada desde todos los ángulos, con acusaciones que van desde la indiferencia hasta acusaciones de censura sobre la expresión.

El peso del liderazgo fue algo que Zuckerberg admitió que no había buscado activamente. Nadie, dijo, debería hacer eso. ¿Qué poderes querría yo que tuviera el CEO de la empresa si fuera otra persona?, se preguntaba. Tener que depender de una sola persona para tomar tantas decisiones relacionadas con el contenido no es algo que preferiría.

En cambio, informó a Zittrain que Facebook crearía su propio Tribunal Supremo, un tribunal independiente encargado de resolver problemas controvertidos que surgen en el sitio. Es afortunado que él no pueda tomar una decisión en contra de lo que ellos dicen, afirmó.

Todo iba según lo esperado. La modestia de Zuckerberg con respecto a sí mismo y a Facebook era refrescante. Luego pasó a explicar sus mayores esperanzas para el futuro, y la típica arrogancia del Valle del Silicio volvió con toda su fuerza. Afirmó que había un campo emergente de estudio en Facebook que involucraba una interfaz cerebro-computadora.

Como lo describió recientemente Kevin Kelly en estas páginas, la versión neuroimpulsada del mundo tiene el potencial de permitir a los usuarios navegar intuitivamente a través de la realidad aumentada usando solo sus pensamientos. No se necesita escribir ni siquiera hablar para interactuar con superposiciones digitales del mundo físico, como indicaciones superpuestas en la carretera, breves biografías de los asistentes a una conferencia o representaciones tridimensionales móviles de muebles.

Viendo la sorpresa en los rostros de su audiencia en Harvard, Zittrain hizo un chiste de profesor de derecho sobre el derecho a la privacidad frente a un dispositivo que puede escuchar los pensamientos. La audiencia rió ante su afirmación de que "las ramificaciones de la Quinta Enmienda son abrumadoras". La respuesta estándar de las grandes empresas tecnológicas a las acusaciones de que violan la privacidad de sus clientes no era simplemente desestimar la crítica, sino insistir en que tienen el permiso de sus clientes para hacerlo. Zuckerberg especuló que "presumiblemente" la gente elegiría usar el producto.

En resumen, no iba a dejar que nada lo apartara de su objetivo de unir a la población mundial para el entretenimiento y la ganancia financiera. No por la visión distópica de la policía con sondas cerebrales. Ninguna cantidad de disculpas será suficiente. No tengo idea de cómo llegamos a ese tema, bromeó. "Pero también creo que una breve discusión sobre tecnologías emergentes e investigación sería interesante". Por supuesto, Facebook ya rastrea tu ubicación usando el GPS de tu teléfono inteligente, y también rastrea tu actividad en línea mediante cookies colocadas en tu navegador. ¿Realmente permitiremos que Facebook entre en nuestros antiguos y crujientes cerebros? Sin duda, Zuckerberg está apostando a eso.

Juego limpio: Facebook no tiene la intención de ocupar físicamente nuestras mentes. Zuckerberg le explicó a Zittrain por qué un implante quirúrgico no sería escalable: Si quieres crear algo que mucha gente usará, debes concentrarte en hacerlo lo menos intrusivo posible.

Para ayudar a las gafas de realidad virtual o los auriculares producidos por Oculus VR, una subsidiaria de Facebook, Zuckerberg detalló un dispositivo parecido a una gorra de ducha que rodea el cerebro e identifica correlaciones entre pensamientos específicos y flujos sanguíneos o actividad cerebral específicos. Según Zuckerberg, los científicos ya pueden determinar si una persona está imaginando una jirafa o un elefante según su actividad cerebral. Aplicar las mismas técnicas a la escritura mental podría dar resultados similares.

Al igual que muchos de los avances de Facebook, Zuckerberg no ve cómo la BCI viola la integridad de un individuo, o lo que Louis Brandeis llamó famosamente "el derecho a que lo dejen solo" en sus pensamientos, sino que ve una tecnología que empodera al individuo. Explicó a Zittrain que la estructura actual de los teléfonos inteligentes y otros sistemas informáticos, que se basa en aplicaciones y tareas, es incompatible con la forma en que los humanos piensan y actúan. Por esta razón, "estoy realmente muy entusiasmado a largo plazo, especialmente por cosas como la realidad aumentada", dice el autor, "porque nos proporcionará una plataforma que creo que en realidad es cómo pensamos en todo".

Kelly, en su ensayo sobre la realidad aumentada, también imagina un mundo que tiene más sentido con una versión "inteligente" superpuesta a la mundana. En este universo paralelo, escribe, "los relojes detectarán sillas", "las sillas detectarán hojas de cálculo", "las gafas detectarán relojes, incluso bajo una manga", "las tabletas verán el interior de una turbina" y "las turbinas notarán a los trabajadores a su alrededor". Instantáneamente, los componentes naturales y artificiales de nuestro entorno funcionarán juntos como un sistema único. Excepto los humanos, que deben mantener sus sentimientos y pensamientos reprimidos. Hasta que equipen a todos con gafas mejoradas con BCI, claro está. Cuando Facebook reveló su estudio en 2017, Zuckerberg describió los beneficios potenciales de la tecnología de la siguiente manera: "Cada segundo, nuestros cerebros generan suficiente información para reproducir cuatro películas de alta definición completas. Desafortunadamente, el habla, nuestro medio de comunicación global más eficaz, tiene la capacidad de transferencia de datos de un módem de la década de 1980. Estamos desarrollando una tecnología que te permitirá acceder a tu subconsciente y escribir alrededor de cinco veces más rápido de lo que puedes en un teclado de teléfono inteligente en este momento. Esperamos que algún día esté disponible para el público como un dispositivo usable producido en masa. Tener la capacidad de hacer clic con el cerebro en "sí" o "no" mejorará en gran medida la autenticidad de experiencias como la realidad aumentada.

JESÚS Y EL TIEMPO SON LA BRÚJULA MORAL DE LA VERDAD
La tecnología de lectura de mentes es un riesgo de seguridad

Por segura que sea la tecnología, almacenar nuestros procesos mentales de manera digital los expone a las mismas amenazas que cualquier otro tipo de información. Ya existe tecnología disponible que facilita la conversión de las emociones humanas en forma digital, que luego se puede compartir con otros. Muchas grandes empresas tecnológicas, como Facebook, están trabajando para popularizar el uso de interfaces cerebro-computadora (BCI), que permiten a los humanos conectar nuestras mentes a las computadoras para ciertas tareas. Aquellos de ustedes que estén preocupados por que sus pensamientos sobre el jefe, sus preocupaciones más profundas o cualquier otra cosa queden registrados y compartidos a través de la tecnología pueden respirar hondo y calmarse. Por lo menos, hasta ahora.

Las BCIs aún no están lo suficientemente avanzadas como para capturar datos con esta granularidad. Más que cualquier otra cosa, pueden aprender sobre las personas rastreando las acciones que tienen la intención de realizar y los sentimientos que están experimentando. Existe potencial para una mayor precisión en la lectura de pensamientos en el futuro, a medida que avanzan tanto los algoritmos de aprendizaje automático como el hardware de BCI. En la actualidad, existen métodos invasivos y no invasivos para conectar el cerebro humano a sistemas informáticos externos.

El EEG, la misma tecnología que los neurólogos utilizan para decodificar los impulsos eléctricos del cerebro con el fin de diagnosticar la epilepsia, se emplea comúnmente en sistemas no invasivos para leer señales neuronales a través del cuero cabelludo. Métodos como la estimulación magnética transcraneal ya se utilizan en la práctica médica y pueden ser empleados por tecnologías no invasivas para transmitir información de vuelta al cerebro.

Mientras tanto, los sistemas invasivos emplean electrodos para establecer un contacto directo con el cerebro con el fin de permitir que las personas con parálisis controlen prótesis como miembros robóticos o ayudar a aquellos con discapacidades auditivas o visuales a recuperar algunos de los sentidos que han perdido.

Obviamente, existen peligros más inmediatos asociados con los sistemas invasivos: la cirugía siempre conlleva riesgos, y los riesgos aumentan cuando se trata de la estructura delicada del cerebro. Entonces, ¿por qué, ante estas advertencias, optar por un sistema intrusivo en lugar de uno no invasivo, por qué implantar electrónicos dentro del propio cerebro? Siempre hay un costo y un beneficio que considerar. Las tecnologías invasivas eliminan distracciones, lo que hace que sea más sencillo comprender la actividad neural.

Por ejemplo, el EEG se utiliza en sistemas no invasivos para leer la actividad cerebral; sin embargo, esto requiere que millones de neuronas disparen al unísono para generar un campo eléctrico lo suficientemente fuerte como para ser detectado desde fuera de la cabeza. Sin embargo, es una medida bastante simplista.

"Es como tratar de entender el juego escuchando el rugido de la multitud desde fuera del estadio. Puedes obtener una visión general de los eventos principales, pero obtener información detallada es más difícil", dice Ian Daly, profesor de ingeniería informática y electrónica en la Universidad de Essex.

Sin embargo, debido a la naturaleza íntima de la conexión establecida por un sistema invasivo, aunque solo pueda recoger una señal de cien neuronas, esa señal es lo suficientemente robusta como para proporcionar una idea del proceso cognitivo transmitido por la red. Ejemplo: Ian Burkhart, parapléjico, quien pudo restaurar parte de la función de su brazo después de que se le implantara un neurotraje y software desarrollado por Battelle, una empresa de BCI en Estados Unidos, junto con el Utah Array. Burkhart se ha entrenado para utilizar el sistema de Battelle y ahora puede operarlo con solo unas pocas decenas de neuronas que normalmente se necesitan para pensar y ejecutar un movimiento del brazo. "Hay un total de 98 mil millones de neuronas en el cerebro humano, con 1,2 mil millones en la corteza motora, que controla el movimiento voluntario de los músculos. Según el científico senior de investigación de Battelle, Gaurav Sharma, a partir de una muestra de menos de cien, "Hasta este punto, la mayoría de las aplicaciones de sistemas invasivos se han centrado en restaurar la función de los miembros a aquellos que están paralizados; para estos pacientes, los mayores riesgos de tales sistemas pueden justificarse por los beneficios potenciales.

Por lo tanto, es probable que las BCIs no invasivas sean la norma para las aplicaciones de tecnología de consumo en el corto y mediano plazo.

Aunque los sistemas no invasivos aún están rezagados en términos de precisión en comparación con sus contrapartes invasivas, están surgiendo nuevas posibilidades técnicas emocionantes que pronto podrían permitir a los investigadores avanzar significativamente en esta dirección. Por ejemplo, los avances en el aprendizaje automático están ayudando a los científicos a distinguir las señales del ruido, lo que augura un futuro de mayor confiabilidad en las tecnologías no invasivas. Los sistemas de BCI están evolucionando constantemente gracias a las actualizaciones tanto de hardware como de software. Nuevos métodos de escaneo, como el ultrasonido focalizado y la estimulación transcraneal de corriente continua, pueden proporcionar un método alternativo para decodificar la actividad cerebral.

Sin embargo, hay muchos que argumentan que la tecnología no invasiva existente puede proporcionar las mismas capacidades de lectura cerebral que los dispositivos invasivos, al menos en términos de control motor.

CTRL Labs, una empresa con sede en Nueva York, utiliza la electromiografía (EMG) para leer la actividad eléctrica en el músculo esquelético, lo que permite a los neurólogos de la empresa evaluar la función nerviosa en las extremidades y en otros lugares. Las pulseras de muñeca producidas por CTRL Labs se utilizan para registrar y simular los potenciales de acción de las neuronas musculares. El sistema de CTRL Labs reconoce los movimientos de la mano e interpreta sus características como dirección, intensidad y tipo. Facebook la compró a principios de este mes.

El jefe de investigación y desarrollo de CTRL Labs, Adam Berenzweig, le dijo a ZDNet a principios de este mes: "Sentimos que si lo que te interesa hacer es controlar, puedes obtener toda la señal que deseas y adquirirla de manera más sencilla a través de técnicas no invasivas".

Berenzweig explica que en la corteza, todas las miles de millones de neuronas en el cerebro están interfiriendo y son ruido, pero que la señal que buscas está disponible en el EMG de superficie si lo haces lo suficientemente bien. Por lo tanto, si todo lo que quieres hacer es recoger señales de movimiento del cerebro, las tecnologías no invasivas aún pueden funcionar en la mayoría de las personas. Es probable que los sistemas no invasivos vean una adopción más generalizada entre los consumidores, pero los sistemas invasivos seguirán siendo utilizados por personas que pueden beneficiarse más de las BCIs, como aquellos con lesiones de la médula espinal o enfermedades neurológicas como el Parkinson.

Aunque la mayoría de las personas se darían cuenta de que un extraño toque inesperado en su cabeza, especialmente con un conjunto de electrodos, es poco probable y muy evidente, leer señales del cerebro a través del cuero cabelludo es improbable y muy obvio, lo que hace que la lectura no autorizada de los pensamientos de cualquier persona en la fuente sea muy improbable y muy notoria. Sería demasiado fácil descubrir cualquier intento de lectura de mentes que ocurriera en la fuente.

Sin embargo, los datos son tan seguros como cualquier otro conjunto de información una vez que han sido capturados por BCI y enviados a otro software. La gran cantidad de violaciones de datos que han ocurrido recientemente muestra que ningún dato, incluida la información sensible, está completamente a salvo.

Es lo suficientemente malo enterarse de que una violación de datos expuso su información personal, pero ¿pensar que alguien podría haber visto tus pensamientos y sentimientos más íntimos?

Solo considerar la posibilidad es insoportable.

Capítulo Seis
El Ejército de EE. UU. Intenta Leer la Mente

Las interfaces cerebro-computadora son el enfoque de un nuevo programa de investigación de DARPA con el potencial de controlar "enjambres de drones, operando a la velocidad del pensamiento". Si funciona, ¿entonces qué? En un laboratorio en el sótano sin ventanas de la Universidad Carnegie Mellon en agosto, tres estudiantes graduados utilizaron un marco improvisado de impresora 3D para dar una descarga eléctrica al corte de cerebro de un ratón.

La sección del hipocampo del cerebro parecía ajo cortado muy finamente. Estaba colocado en un pedestal en el centro de la máquina. El corte estaba sumergido en sal, glucosa y aminoácidos a través de un tubo delgado. Esto lo mantenía con vida, en cierto modo; las neuronas en el corte seguían disparando, por lo que los investigadores podían seguir recopilando información. Las descargas eléctricas eran administradas por una serie de electrodos colocados debajo del corte, y la respuesta de las neuronas era evaluada mediante una sonda de metal similar a una jeringa. El plato estaba iluminado por una gran cantidad de luces LED brillantes. En la jerga de los ratones de laboratorio, la configuración era "chapucera".

El estímulo y la respuesta se mostraban en una pantalla junto al equipo, con sacudidas de electricidad de los electrodos seguidas de la activación de las neuronas milisegundos después. Más tarde, planeaban intentar estimular el hipocampo del ratón a través del cráneo simulado, que estaría hecho de un material con las mismas propiedades eléctricas y ópticas que un cráneo humano colocado entre el corte y los electrodos.

Esto se hizo para que las señales del cerebro pudieran ser detectadas y manipuladas sin tener que acceder físicamente al cerebro en sí. Su objetivo a largo plazo es crear interfaces cerebro-computadora no invasivas, similares a un casco o una diadema, que sean precisas y sensibles.

El grosor promedio de un cráneo humano es de menos de un centímetro, aunque esto varía mucho de persona a persona y de región a región. Sirven como una especie de filtro que dispersa las formas de onda, amortiguando la intensidad de cosas como la electricidad, la luz y el sonido. Muchas células cerebrales, llamadas neuronas, tienen solo algunos miles de milímetros de tamaño y producen impulsos eléctricos que tienen solo una décima de voltio de intensidad.

El objetivo del experimento de los estudiantes era recopilar datos con los que el principal investigador del equipo, Pulkit Grover, pudiera evaluar la eficacia de una nueva técnica en la que están trabajando para perfeccionar.

Grover agrega: "En este momento, nada como esto es alcanzable, y es bastante desafiante lograrlo". Él es un co-líder de uno de los seis grupos que trabajan en el Programa de Neurotecnología No Quirúrgica de Próxima Generación (N3) de DARPA, que está financiado con 104 millones de dólares. El grupo de Grover trabaja con señales eléctricas y ultrasónicas, mientras que otros grupos emplean métodos ópticos y magnéticos. Cualquiera de estas estrategias, si se implementa, puede tener consecuencias de gran alcance.

La cirugía es costosa y la cirugía para crear un nuevo tipo de superguerrero es moralmente turbia. Las aplicaciones potenciales de una tecnología de lectura de mentes que no involucre cirugía son enormes. Las interfaces cerebro-computadora (BCIs) se han utilizado para ayudar a cuadripléjicos a recuperar algo de control de movimiento y para dar a los veteranos amputados control sobre prótesis. El programa N3 es el primer esfuerzo significativo del ejército de EE. UU. para crear una BCI para su uso en combate. "Trabajar con drones y enjambres de drones, operando a la velocidad del pensamiento en lugar de a través de equipos mecánicos, esos son los tipos de cosas para las que están diseñados estos dispositivos", explica Al Emondi, director de N3.

El término "interfaz cerebro-computadora", acuñado a principios de la década de 1970 por el científico de la computación de UCLA Jacques J. Vidal, es similar a "inteligencia artificial" en que su significado cambia a medida que avanzan las capacidades que representa. A veces, cuando se colocan electrodos en el cuero cabelludo para capturar la actividad eléctrica del cerebro, la electroencefalografía (EEG) se considera la primera interfaz entre humanos y computadoras. A finales de la década de 1990, científicos de la Universidad Case Western Reserve utilizaron la electroencefalografía (EEG) para descifrar las ondas cerebrales de un parapléjico, permitiéndole controlar un cursor de computadora con un cable conectado a su cabeza y una computadora.

Desde entonces, hemos avanzado mucho en la lectura del cerebro, tanto de manera invasiva como no invasiva. También se han desarrollado dispositivos que envían señales eléctricas al cerebro para tratar trastornos neurológicos como la epilepsia. Un conjunto de Utah es uno de los mecanismos más avanzados jamás creados. Se asemeja a una pequeña cama de picos, no más grande que una uña, que puede alcanzar un área específica del cerebro.

En 2010, mientras visitaba Outer Banks en Carolina del Norte, Ian Burkhart se sumergió en el agua y golpeó su cabeza en un banco de arena. Se lesionó la médula espinal y no puede mover las piernas ni los brazos por debajo del sexto nervio cervical. Tenía algo de movimiento en sus hombros y codos, pero no tenía control sobre sus manos ni pies. Mi progreso en la terapia física fue mínimo. Cuestionó a su equipo médico en el Centro Médico Wexner de la Universidad Estatal de Ohio si era posible realizar un tratamiento adicional. Resultó que Wexner quería realizar investigaciones con la organización de investigación sin fines de lucro Battelle para ver si podían utilizar un conjunto de Utah para devolver la vida a las extremidades de una persona paralizada.

En comparación con la EEG, que muestra la actividad colectiva de miles de neuronas, los conjuntos de Utah son capaces de registrar los impulsos de un número mucho menor de neuronas, e incluso de una sola neurona. Burkhart tuvo un conjunto de Utah implantado quirúrgicamente en su cerebro en 2014. El campo electromagnético en su corteza motora fue monitoreado por el conjunto a una velocidad de 30,000 veces por segundo en 96 ubicaciones. Durante casi un año, Burkhart visitó el laboratorio de Battelle varias veces a la semana mientras los investigadores allí enseñaban a los algoritmos de procesamiento de señales a registrar sus intenciones mientras consideraba laboriosamente y de manera metódica cómo movería su mano si pudiera.

Las señales detectadas por el conjunto de Utah fueron transmitidas a una computadora a través de un cable largo conectado a un pedestal que sobresalía del cráneo de Burkhart. La computadora las interpretó y envió impulsos a una manga de electrodos que cubría la mayor parte de su antebrazo derecho. La manga estimulaba sus músculos, permitiéndole realizar las acciones que había planeado, como levantar y dejar una botella o sacar y volver a colocar una tarjeta de crédito.

Burkhart fue una de las primeras personas en someterse con éxito a un "bypass neural" para recuperar el control voluntario de los músculos. Ahora, otro equipo de N3, Battelle, está colaborando con él para ver si pueden obtener los mismos resultados sin implantar nada en su cráneo. Esto requiere innovación tanto en hardware como en software para descifrar las señales confusas y débiles que se pueden captar fuera del cráneo. Por eso, Grover, un ingeniero eléctrico capacitado en lugar de un neurocientífico, está a cargo del equipo de Carnegie Mellon en N3. Después de poco tiempo en Carnegie Mellon, un amigo convenció a Grover de asistir a sesiones clínicas para personas con epilepsia en el Centro Médico de la Universidad de Pittsburgh. Razonó que la EEG podría revelar más sobre el cerebro de lo que se estaba suponiendo actualmente, y que podría ser posible influir en la función cerebral mediante la aplicación estratégica de señales externas. Siguiendo la intuición general de Grover, un grupo de investigadores del Centro de Ingeniería Neurobiológica del MIT dirigido por Edward Boyden publicó un artículo notable unos años después.

El equipo de Boyden aplicó señales eléctricas de alta pero ligeramente diferentes frecuencias al cuero cabelludo. Estas tenían menos efecto en las neuronas más cercanas a la periferia del cerebro y más en las que estaban más adentro. Con la ayuda de un proceso llamado interferencia constructiva, sus energías combinadas generaron una señal con una frecuencia más baja, que a su vez desencadenó la actividad neuronal.

Grover y su equipo están trabajando actualmente para expandir los resultados de Boyden con cientos de electrodos colocados en la superficie del cráneo, tanto para dirigirse con precisión a pequeñas regiones en el interior del cerebro como para "dirigir" la señal para que pueda cambiar de una región cerebral a otra mientras los electrodos permanecen en su lugar. Según Grover, esto no es una hipótesis que se le habría ocurrido a ningún neurocientífico.

Otro grupo de N3, este con base en el Laboratorio de Física Aplicada de la Universidad Johns Hopkins (APL), está adoptando un enfoque completamente diferente al centrarse en la luz infrarroja cercana.

La teoría actual sostiene que cuando las neuronas emiten señales eléctricas, hacen que el tejido cerebral circundante se expanda y contraiga. Los neurocientíficos utilizan la EEG, el conjunto de Utah y otros métodos para registrar estas señales. Dave Blodgett, de APL, cree que la expansión y contracción del tejido es una señal igualmente buena de la actividad neural y planea construir un sistema óptico para monitorear estos cambios.

Los métodos anteriores no pudieron registrar tales sutiles movimientos corporales. Sin embargo, Blodgett y su equipo han observado la actividad cerebral del movimiento de los bigotes de un ratón. Cuando se mueve un bigote, la técnica de medición óptica de Blodgett captura la activación de las neuronas correspondientes diez milisegundos después. (Un segundo equivale a mil milisegundos y un milisegundo equivale a mil microsegundos). Incluso más rápido que un conjunto de Utah u otros métodos eléctricos, su equipo ha registrado actividad neural en tejido neural expuesto en menos de 10 microsegundos.

La siguiente tarea difícil es realizar todo esto a través del cráneo. Dado que los cráneos humanos no están diseñados para dejar pasar la luz, esto puede parecer poco plausible. Si bien las fuentes de luz tradicionales no pueden penetrar el hueso, la luz infrarroja cercana puede hacerlo. El equipo liderado por Blodgett dispara láseres infrarrojos de baja potencia a través del cráneo y mide la luz dispersa. Espera que al hacer esto, puedan inferir la naturaleza de la actividad neural. Aunque hay menos evidencia que respalda este método que para el uso de señales eléctricas, los proyectos de DARPA prosperan precisamente en este tipo de apuestas.

Gaurav Sharma, de Battelle, está trabajando en una nanopartícula que puede penetrar la barrera protectora del cerebro. Según DARPA, se considera un método mínimamente invasivo. Un núcleo sensible al magnetismo está envuelto en una cáscara de un material que convierte el estrés mecánico en corriente eléctrica en esta nanopartícula. Cuando estas nanopartículas se colocan en un campo magnético, el núcleo interno ejerce fuerza sobre la cáscara, lo que hace que fluya una pequeña corriente eléctrica. Sharma afirma que un campo magnético puede "ver" a través del cráneo de manera mucho más efectiva que la luz. Además de poder dirigir los campos magnéticos a regiones específicas del cerebro utilizando una variedad de bobinas, el proceso puede invertirse convirtiendo las corrientes eléctricas en campos magnéticos para la interpretación de señales.

En este punto, no está claro cuál de estas estrategias demostrará ser efectiva. Varios otros grupos de N3 han desarrollado métodos para transmitir y recibir señales cerebrales mediante la combinación de ondas de luz, eléctricas, magnéticas y ultrasónicas. La ciencia es innegablemente fascinante. Sin embargo, el entusiasmo puede ocultar el hecho de que el Pentágono y empresas como Facebook, que también están desarrollando BCIs, no están preparados para responder a la miríada de preguntas éticas, legales y sociales que plantea una BCI no invasiva. ¿Qué sucedería con la naturaleza de la guerra si los cerebros humanos controlaran directamente enjambres de drones? Según el líder de N3, Emondi, las interfaces neurales se desplegarán donde sean más útiles. Pero la necesidad militar puede interpretarse de diferentes maneras.

G. ROMAN

Tecnología Neurotecnológica No Quirúrgica

Tan segura como pueda ser la tecnología, almacenar nuestros procesos mentales de forma digital los expone a las mismas amenazas que cualquier otro tipo de información. Ya existe tecnología disponible que facilita la conversión de las emociones humanas en forma digital, que luego se puede compartir con otros. Muchas grandes empresas tecnológicas, como Facebook, están trabajando para popularizar el uso de interfaces cerebro-computadora (BCIs), que permiten a los humanos conectar nuestras mentes a las computadoras para ciertas tareas. Aquellos de ustedes que estén preocupados de que sus pensamientos sobre el jefe, sus preocupaciones más profundas o cualquier otra cosa se registren y compartan a través de la tecnología pueden respirar hondo y calmarse.

Por qué Científicos y el Ejército están Desarrollando Auriculares de Lectura Mental. Si todo sale según lo planeado, algo verdaderamente notable ocurrirá en el Texas Medical Center en el año 2023. Dos pacientes conectados mentalmente podrán comunicarse entre sí sin necesidad de medios hablados, escritos o electrónicos.

Y si eso no fuera lo suficientemente audaz, podrán lograrlo sin someterse a ningún tipo de procedimiento quirúrgico. El Pentágono está dedicando recursos significativos al estudio de la comunicación cerebro a cerebro y cerebro a computadora porque ve estas conexiones como vitales para fortalecer al soldado moderno.

El estudio del centro médico forma parte de un esfuerzo nacional para ayudar a la iniciativa Next-Generation Non-Surgical Neurotechnology (N3) financiada por el gobierno, que está siendo dirigida por investigadores de la Universidad Rice. La Agencia de Investigación y Desarrollo del Departamento de Defensa de los Estados Unidos invertirá $18 millones en el esfuerzo liderado por Rice.

Uno de los principales desafíos que enfrentan las personas que quieren mejorar este tipo de comunicación se aborda en este estudio. Por un lado, ya tenemos las herramientas necesarias para vincular poblaciones de neuronas en el cerebro a dispositivos electrónicos, lo que supone un gran avance en el estudio y tratamiento de trastornos neurológicos. Sin embargo, dicho equipo a menudo requiere cirugía y, por lo tanto, se considera demasiado invasivo para ser utilizado en personas que no han sufrido accidentes o enfermedades, como soldados sanos. Aunque la neurotecnología no invasiva ya existe, aún no es de suficiente calidad para un uso clínico generalizado. Por lo tanto, los científicos se esfuerzan por proporcionar al ejército lo mejor de ambos mundos desarrollando métodos no invasivos para establecer una conexión de alta calidad entre el cerebro y una computadora o entre el cerebro y el cerebro de otra persona. Seis grupos separados de investigadores de diferentes partes del país están trabajando en este problema con financiamiento de la Agencia de Proyectos de Investigación Avanzada de Defensa (DARPA), que crea tecnologías militares de vanguardia. Las técnicas, si resultan efectivas, podrían usarse de muchas maneras novedosas. Eventualmente, los soldados podrían dirigir un solo VANT o una flota de ellos solo con sus pensamientos.

Según Al Emondi, Ph.D., el gerente del programa N3, "así como los miembros del servicio se ponen equipo protector y táctico antes de una misión, en el futuro podrían ponerse un auricular que contenga una interfaz neural, usar la tecnología como sea necesario y luego dejar la herramienta de lado cuando la misión esté completa".

Los pacientes pronto podrían acceder a tratamientos que se pensaba que eran imposibles sin cirugía, como la restauración de la vista en los ciegos y la recuperación del movimiento en personas gravemente discapacitadas. Si un paciente pierde la vista u oído debido a un problema del ojo o el oído, pero la región subyacente del cerebro que recibe esas señales sigue estando sana, entonces esta tecnología podría ser útil.

Jacob Robinson, Ph.D., profesor asociado en la Escuela Brown de Ingeniería de Rice y líder del equipo de estudio, dijo: "Puedes pensar que habría personas que podrían beneficiarse de una prótesis visual pero que aún se sienten incómodas con la idea de una cirugía cerebral".

La neurotecnología tiene el potencial no solo de ayudar en operaciones militares, sino también de tratar a pacientes que no están dispuestos a someterse a cirugía cerebral.

MOANA es una iniciativa liderada por Rice que cuenta con 15 co-investigadores de Rice, Baylor College of Medicine, el Instituto de Investigación Neurológica Jan y Dan Duncan en el Hospital Infantil de Texas, la Universidad Duke, la Universidad de Columbia y el Laboratorio John B. Pierce en la Universidad de Yale. El objetivo del proyecto es crear una interfaz mente-máquina haciendo que los pacientes usen un gorro único equipado con láseres, detectores ópticos y generadores de campo magnético.

La misión del equipo de Robinson es demostrar que la luz se puede usar para evaluar la actividad celular en el cerebro, y que los campos magnéticos se pueden usar para controlar la actividad celular en el cerebro, sin recurrir a cirugía invasiva. El grupo también debe demostrar que esto puede suceder rápidamente, a la velocidad del pensamiento.

"Nuestro objetivo es obtener información de las células individuales que podrían comunicarse cien veces cada segundo", agregó Robinson. También mencionó que si la velocidad fuera más baja, los datos se volverían "borrosos" e ilegibles.

Sin embargo, el cerebro debe estar preparado para que el gorro funcione. Se proporcionarán vectores virales de edición genética a regiones cerebrales específicas. Aprovechando el hecho de que ciertas longitudes de onda de luz pueden atravesar el cráneo, estos vectores alteran cómo las neuronas activadas responden a la luz. Si pudiera hacer eso, el gorro podría "leer" estados mentales. Mientras esto ocurre, las neuronas se reconfigurarían para "escribir" en el cerebro disparando en respuesta a actividades magnéticas.

Al principio, los científicos pondrán a prueba esta tecnología en monos y ratas. Aquí es donde la ciencia ficción entra en escena.

"Lo que esperamos hacer", explicó Robinson, "es poder comunicar la percepción sensorial de un animal a otro animal". Un ratón podría ser expuesto a un estímulo auditivo o visual, y el ratón "vinculado" respondería como si también hubiera experimentado lo mismo.

El objetivo a largo plazo del equipo es poder mantener ese procedimiento con humanos en un plazo de cuatro años. El proceso comenzaría con el equipo creando una imagen, como un automóvil o una casa, con la esperanza de enviarla al cerebro de una persona ciega a través del gorro. Luego, la persona podría dar un relato detallado de lo que "vio". El grupo luego vería si la persona ciega podría visualizar algo y transmitirlo a la computadora para que los científicos lo examinaran. La prueba final sería ver si las personas con discapacidades visuales podrían "ver" las representaciones mentales de los demás. Los investigadores se centran en los ciegos porque están obligados a probar la técnica en una población de pacientes que se beneficiaría de ella. Eventualmente, esos pacientes podrían estar conectados a cámaras para ayudarles a "ver" sin someterse a cirugía cerebral. Según Michael Beauchamp, Ph.D., profesor y vicepresidente de investigación básica en el departamento de neurocirugía de Baylor, trabajar con pacientes ciegos brinda una oportunidad significativa para explorar interfaces cerebro-computadora.

"Los humanos", agregó, "son básicamente animales visuales". La visión ocupa una parte considerable del cerebro. La corteza visual [del cerebro] es una elección obvia para una interfaz como esta.

Un proyecto separado involucra a Beauchamp y colaboradores de Baylor, junto con investigadores de la Universidad de California, Los Ángeles, y una empresa llamada Second Sight. Este grupo ha creado un par de gafas equipadas con una cámara de video que envía imágenes a un pequeño chip informático implantado en el cerebro de personas ciegas. La resolución es mínima (alrededor de 60 píxeles), pero es adecuada para tareas simples.

Paul Phillips, quien ha estado utilizando la tecnología mientras es legalmente ciego durante más de una década, afirma que no le ha ayudado a recuperar la vista. Sin embargo, ahora tiene la capacidad de distinguir entre la noche y el día. Incluso cuando no está en su casa, sabe exactamente dónde está su sofá blanco y puede distinguir entre la acera y el césped. La incapacidad de ver colores es una desventaja del equipo, aunque recientemente ha notado la luz y el movimiento de los fuegos artificiales.

La calidad de la imagen es algo en lo que los científicos están trabajando para mejorar con el tiempo. Los pacientes como Phillips podrían algún día "ver" sin cirugía cerebral invasiva gracias a la tecnología que se está desarrollando como parte de la iniciativa DARPA.

Los investigadores de Baylor trabajan con Phillips dos veces a la semana para evaluar qué tan bien la cámara montada en sus gafas se conecta a su cerebro, lo que les permite evaluar qué tan bien "ve" patrones de luz en un monitor. También pueden desactivar la cámara y usar electrodos colocados en su cerebro para "hacerlo percibir" patrones cambiantes de luz. El profesor asistente de neurocirugía de la Universidad Baylor, William Bosking, Ph.D., explicó: "Básicamente, estamos tratando de aprovechar la corteza visual de Paul". Bosking dice que es como tratar de leer la escritura de alguien trazando el contorno de una letra en su palma. En contraste, Phillips describe el evento como "bastante impresionante", especialmente después de estar en la oscuridad durante tanto tiempo.

Están utilizando este método para crear un mapa de la corteza visual en el cerebro y obtener información sobre cómo la estimulación de estos electrodos hace que el cerebro interprete la luz y las líneas. Aunque esa investigación no está relacionada con MOANA, lo que los científicos descubran sobre la corteza visual puede tener implicaciones para MOANA. Las posibilidades son infinitas.

La promesa de la tecnología cerebral-computadora inalámbrica parece ilimitada. No necesitamos esperar a que alguien mueva los músculos de su boca para describir lo que está viendo, ni necesitamos que mueva los músculos de su dedo para escribir lo que está viendo, como lo expresó Robinson. Los pacientes con esta condición podrían ser capaces de comunicarse entre sí de manera más rápida a través de medios mentales de lo que es posible en la actualidad. Si esta tecnología resulta efectiva, algún día podría hacer que hablar o manejar un automóvil sea mucho más rápido que usar la voz, un teclado o un volante y un joystick.

Usando un walkie-talkie, "tendría que informar a otro soldado que hay un hombre peligroso a la vuelta de la esquina", explicó Beauchamp. "Sería más efectivo si pudiera mostrar una imagen de lo que estoy viendo".

Robinson admite que la perspectiva de acceder de forma inalámbrica a los cerebros de las personas puede ser inquietante para algunos. Sin embargo, está ansioso por señalar que los neuroéticos están en su equipo para ayudar a prevenir cualquier abuso de los métodos. Es importante para él que nadie piense que está trabajando en una forma de espiar la mente de un paciente.

Darse cuenta de que las [imágenes y sonidos] que estamos tratando de descifrar se procesan de manera muy distinta, por ejemplo, a tu corriente de conciencia o pensamientos privados, es vital, dijo. El objetivo es mantener al usuario a cargo de su propio dispositivo en todo momento.

Aterradores Dispositivos de Lectura Mental

En su novela distópica de 1949, "1984", George Orwell imagina un futuro aterrador en el que la "Policía del Pensamiento" del superestado Oceanía monitoriza a los ciudadanos en busca de "crímenes del pensamiento" o ideas desaprobadas. Aquí estamos en el siglo XXI, donde están surgiendo tecnologías que pueden leer la mente de las personas y hacer que el espectro de la "Policía del Pensamiento" sea una realidad real. En China, donde los pensamientos de los empleados en el lugar de trabajo no son privados, la "tecnología de vigilancia emocional" ya ha aparecido, pareciéndose mucho a la "Policía del Pensamiento" de George Orwell. Esta vigilancia requiere el uso de sensores inalámbricos instalados en cascos o cascos de seguridad que usan los trabajadores. Estos sensores monitorean los estados mentales de los empleados, transmitiendo datos sobre sus ondas cerebrales a computadoras donde la inteligencia artificial puede detectar sentimientos negativos. Si el sistema encuentra que el estado mental de un empleado es anormal, la dirección puede solicitar que el trabajador tome tiempo libre o asignarle una tarea de menor prioridad. Para impulsar la competitividad del sector manufacturero y garantizar la estabilidad social, China ha implementado esta tecnología a una escala sin precedentes en fábricas, transporte público, empresas estatales y el ejército. El desarrollo de la tecnología de lectura de la mente puede sonar fantástico, pero ya está al borde de convertirse en una realidad. Las tecnologías modernas de neuroimagen basadas en la interfaz cerebro-computadora (BCI), incluida la fMRI (imagen por resonancia magnética funcional), el electroencefalograma (EEG) y el aprendizaje automático, han ayudado recientemente a los avances en la identificación no invasiva de los pensamientos en el cerebro humano. Si no desarrollamos el derecho a proteger a las personas de que su información mental sea robada, explotada o pirateada, corremos el riesgo de vivir en un futuro orwelliano donde debamos tener cuidado con lo que pensamos por temor a ser castigados por los llamados "crímenes del pensamiento". Los desarrollos recientes en electroencefalografía (EEG) han llevado a la creación de dispositivos como el neuroauricular de Emotiv, un juguete de $300 que detecta las ondas cerebrales del usuario y le permite controlar un videojuego solo con el pensamiento. ¡Eso es asombroso! En 2012, académicos de Oxford, UC Berkeley y la Universidad de Ginebra demostraron que los atacantes podían obtener con éxito información privada de las personas que usaban estos tipos de auriculares EEG. Mostraron imágenes de cosas como teclados PIN de cajeros automáticos, tarjetas de débito y calendarios a los estudiantes que usaban los auriculares. Preguntas como "¿Cuál es tu PIN?" y "¿Cuándo naciste?" se incrustaron en las imágenes. Los resultados fueron sorprendentes: al monitorear las ondas cerebrales que fluyen desde estos auriculares de $300, los investigadores pudieron predecir correctamente el número PIN de un sujeto el 30% de las veces y su mes de nacimiento el 60% de las veces.

Si avanzamos rápidamente hacia un futuro en el que las personas naveguen por la web con el poder de sus pensamientos, los piratas informáticos podrán instalar programas espía en sus cerebros a través de Internet y robar información sensible de sus ondas cerebrales. Los piratas informáticos podrían obtener información como la orientación sexual de una persona, inclinaciones políticas y el PIN del cajero automático. En realidad, el concepto no es tan descabellado. La policía podría abusar de la tecnología, y los gobiernos podrían acusar a los ciudadanos de cometer un "crimen del pensamiento" por simplemente considerar ideas antigubernamentales o ilegales. El sistema de "puntaje de crédito social" que ha implementado China es un paso en la dirección equivocada. Esto se está acercando peligrosamente a la distopía orwelliana.

¿No es una violación de la privacidad si el gobierno puede espiar los pensamientos de una persona por razones de seguridad? La IA moderna tiene la capacidad de descifrar nuestras ondas cerebrales mientras pasamos el día en un aeropuerto, por ejemplo. Existe una forma de detectar pensamientos peligrosos, como bombas o armas, en la mente de las personas y notificar a la seguridad. Para "sentir" y detectar personas con intenciones hostiles, como cometer un ataque terrorista, el Departamento de Seguridad Nacional ha estado probando su programa "Tecnología de Evaluación de Atributos Futuros (FAST)", que es similar a un detector de precrimen de lectura mental. La Tecnología FAST utiliza sensores encubiertos que pueden identificar instantáneamente una amenaza desde hasta 164 pies de distancia al detectar signos reveladores como una frecuencia cardíaca acelerada, un patrón de ondas cerebrales y movimientos oculares.

La Agencia de Proyectos de Investigación Avanzada de Defensa (DARPA), el brazo de investigación del Pentágono, espera crear un dispositivo llamado "Silent Talk" que permitirá a los soldados prescindir del uso de radios inalámbricas, walkie-talkies y asistentes digitales personales (PDA) de batalla a favor de la lectura mental. Se espera que este análisis de señales neuronales "permita la comunicación de usuario a usuario en el campo de batalla sin el uso de voz". Además, esperan desarrollar binoculares de lectura mental que puedan alertar a los soldados antes de que su conciencia se ponga al día.

Arnav Kapur, un estudiante de doctorado en el Instituto de Tecnología de Massachusetts en Estados Unidos, ha inventado un auricular que puede leer las expresiones faciales del usuario y traducir sus pensamientos en texto en tiempo real utilizando "algoritmos de inteligencia artificial". A los investigadores solo les llevó 15 minutos de personalización y entrenamiento para mejorar la precisión de la transcripción al 92%. Sorprendentemente, toda esta tecnología solo lee los impulsos nerviosos faciales enviados desde el cerebro.

Investigadores de la Universidad de California, San Francisco, han desarrollado un dispositivo de lectura mental. Para hacerlo, se implantan electrodos para registrar la actividad en la corteza auditiva, y luego los datos se analizan utilizando métodos computacionales. Ahora se pueden leer imágenes del cerebro e incluso predecir la siguiente frase en el proceso de pensamiento de una persona, gracias a la investigación realizada en la Universidad Carnegie Mellon.

Facebook también está desarrollando una tecnología de lectura mental que permitirá a los usuarios comunicarse solo a través del pensamiento. Varios de los registros de patentes de Microsoft cubren el uso de la actividad neural para cambiar la configuración de una computadora o activar programas diferentes. Por ejemplo, si la actividad cerebral del oyente indica que la música está demasiado alta, el sistema la bajará automáticamente.

Investigadores de la Escuela de Medicina de la Universidad de Pittsburgh han enseñado a los monos a controlar un brazo robótico y alimentarse de frutas y malvaviscos usando impulsos cerebrales, incluso cuando tienen las manos atadas detrás de la espalda. La Universidad de Toronto en Scarborough desarrolló un método para reconstruir la apariencia de caras presentadas a sujetos de prueba al monitorear sus ondas cerebrales. La recreación de rostros solo desde la memoria tiene grandes implicaciones para la medicina forense. La Universidad de Kyoto en Japón y la Universidad de Purdue en Estados Unidos utilizan escáneres fMRI e inteligencia artificial para reconstruir imágenes a partir del flujo sanguíneo cerebral.

Una empresa llamada Neurable creó un juego de realidad virtual llamado "Awakening", que permite a los jugadores recoger y lanzar objetos físicamente solo pensando en hacerlo. Looxid Labs, una startup en el programa acelerador Vive X de HTC, está creando un auricular de realidad virtual móvil con tecnologías incorporadas de detección de emociones. Nissan presentó el concepto de automóvil IMx KURO en el Salón del Automóvil de Ginebra de 2018, equipado con un auricular EEG que escanea las ondas cerebrales del conductor y controla el vehículo según su estado mental. Por ejemplo, si el automóvil sabe que el conductor va a frenar pronto, comenzará a reducir la velocidad de inmediato, mucho antes de que el conductor dé alguna indicación de que tiene la intención de hacerlo.

Los investigadores de la Universidad de California, Berkeley (EE. UU.) han creado, borrado y reactivado recuerdos en roedores. Los científicos ya están considerando aplicar la misma estrategia en sujetos humanos. Las implicaciones de este hallazgo para el personal de aplicación de la ley y el personal militar con trastorno de estrés postraumático (TEPT) podrían ser sustanciales. Los investigadores también han creado un sistema de detección de cansancio basado en algoritmos de BCI que puede identificar la somnolencia en un conductor analizando los valores rítmicos theta y alfa en sus señales EEG. Dos investigadores de la Universidad Estatal de Washington han demostrado no solo la comunicación telepática, sino también la capacidad de estimular remotamente los músculos motores de una persona a través de Internet, permitiéndole controlar voluntariamente los movimientos físicos del receptor solo con sus pensamientos.

Los pacientes en coma o en estado vegetativo que no pueden comunicarse verbalmente ni con acciones motoras aún pueden ser evaluados en busca de conciencia con la ayuda de tecnologías de escaneo cerebral. Un experto hace preguntas y deduce la respuesta de la imagen del escaneo cerebral, que muestra qué partes del cerebro están activas. Como resultado, las autoridades podrían registrar la declaración de un moribundo en coma, interrogar a pacientes en un estado vegetativo consciente o incluso hacer que pacientes en estado vegetativo testifiquen en un tribunal, lo que ayudaría a determinar las preferencias de atención médica de los pacientes. La aplicación de la ley y los profesionales médicos pueden beneficiarse enormemente de esta tecnología.

La capacidad de leer mentes, ayudada por la IA, podría hacer nuestras vidas más convenientes, productivas e incluso divertidas. Con el software de lectura mental, todo podría hacerse de manera correcta y automática. El volumen de las luces y los ruidos podría ajustarse según el estado mental actual del usuario. El campo del derecho penal es una de las áreas de aplicación. Pero la autoincriminación es ilegal según la Ley de Evidencia. Sin embargo, si no se hacen escaneos cerebrales a los sospechosos, los inocentes no pueden demostrar su caso. Dado que ya he discutido la tecnología de la huella cerebral dos veces en este foro, la pasé por alto por el momento.

La tecnología de lectura mental tiene el potencial de ser utilizada indebidamente por los criminales. La Universidad de Washington ha publicado investigaciones que muestran cómo los delincuentes pueden usar interfaces cerebro-computadora para leer la mente de las personas e introducir imágenes maliciosas en aplicaciones. Al igual que otros implantes médicos como marcapasos y bombas de insulina, las neuroprótesis serán vulnerables a intentos de hackeo que apunten a sus protocolos de comunicación y control. Por ejemplo, si un agresor desconectara los electrodos de un estabilizador cerebral profundo implantado en una persona con enfermedad de Parkinson, la persona tendría temblores y convulsiones extremos. Hoy en día, los usuarios pueden jugar videojuegos, volar un dron y manipular dispositivos IoT solo con sus pensamientos. Si es así, ¿qué impide que los piratas informáticos controlen la mente de una persona desde la distancia?

Las aplicaciones de tal tecnología serían vastas. La transferencia directa de datos en todo el mundo a través de la web podría ser posible algún día gracias a un "servidor de interfaz cerebral a cerebral basado en la nube". Más allá de los problemas de privacidad, seguridad y derechos neurales que plantearía una red cerebral global de este tipo, también podría arrojar luz sobre cómo las conciencias individuales podrían funcionar colectivamente a pesar de estar fuera del rango normal de la experiencia humana dentro de las limitaciones del cráneo humano. Si ese es el caso, ¿podría esta tecnología llevarnos a la "Unidad" que las escrituras han predicado durante mucho tiempo? ¿Ayudará a la humanidad a comprender que todas las mentes están interconectadas en forma de la Fuerza Universal? La lectura de mentes ha existido durante mucho tiempo en India. El capítulo 3 de los "Sutras de Yoga de Patanjali" habla de la lectura de mentes (cetopariyana). A través de la meditación yóguica, los antiguos indios pudieron desarrollar esta extraordinaria habilidad.

G. ROMAN

Lector de Mentes Impulsado por Inteligencia Artificial Sabe Lo Que Estás Mirando

Preparen sus sombreros de papel aluminio, porque una empresa rusa está trabajando en un dispositivo de lectura mental impulsado por inteligencia artificial que puede, en cierto modo, ensamblar una imagen de lo que una persona está mirando basándose en sus ondas cerebrales. Aunque todavía está en sus primeras etapas y solo puede clasificar lo que una persona está mirando, los diseñadores de la tecnología creen que algún día será tan efectiva como la Neuralink implantada de Elon Musk.

Neurobotics, una empresa rusa, y el Instituto de Física y Tecnología de Moscú son responsables del aparato de lectura mental que fue presentado en Futurism (MIPT). Los creadores del dispositivo publicaron sus hallazgos en la revista bioRxiv, donde enfatizaron su objetivo de ayudar a los pacientes de accidente cerebrovascular a utilizar sus mentes para operar equipos de rehabilitación.

Según un comunicado de prensa del Instituto de Tecnología de Massachusetts (MIT), el dispositivo utiliza redes neuronales para determinar lo que las personas están mirando analizando los datos de electroencefalografía (EEG) recopilados de una gorra equipada con electrodos. Los electroencefalogramas (EEG) utilizan electrodos para evaluar la actividad eléctrica en el cerebro, y una forma en que lo hacen es detectando las oscilaciones neuronales, a veces conocidas como "ondas cerebrales".

Como siempre, el diablo está en los detalles, y no está claro que este dispositivo simplemente haga una réplica digital de lo que el usuario está mirando. En cambio, parece que una combinación de dos redes neuronales determina la clase a la que pertenece un objeto. Una red neuronal se entrena para convertir las ondas cerebrales que las personas estaban generando mientras miraban una categoría específica de imágenes en "ruido", mientras que otra red se entrena para tomar el ruido y convertirlo en imágenes comprensibles.

Sin embargo, la red neuronal que convierte las lecturas de las ondas cerebrales del EEG en ruido para la red neuronal subsiguiente tiene baja resolución y solo puede clasificar los tipos de objetos que se están viendo. (Los investigadores quisieron ampliar el número de categorías, pero en este estudio utilizaron categorías como "formas", "rostros humanos", "mecanismos en movimiento", "deportes de motor" y "cascadas"). Otra red neuronal parece considerar la categoría al transformar el ruido en una imagen utilizable.

Las redes neuronales están reconstruyendo imágenes en tiempo real de lo que una persona está mirando, pero ya saben que las imágenes caerán en una cantidad limitada de categorías, lo que brinda mucha información a las redes neuronales. Se ha comparado este método de lectura mental con jugar a los bolos con barreras.

G. ROMAN

Capítulo Siete

La Computadora de Lectura Mental Controlada por Inteligencia de Intel.

La tecnología detrás de los dispositivos controlados por la mente todavía está en pañales. Aunque organizaciones tan diversas como Honda y el Ejército de los Estados Unidos están involucradas en investigaciones, hasta ahora los resultados han producido poco más que una noche de música vanguardista en Praga. Jóvenes investigadores en Intel creen que las computadoras pronto podrán leer la actividad cerebral de una persona y traducirla en lenguaje real. Conceptualmente, esto significa que la respuesta típica de una persona a palabras específicas puede ser mapeada y almacenada en una base de datos, donde puede ser comparada con la respuesta de alguien que utiliza la interfaz de control mental. La versión temprana ha mostrado resultados prometedores; utiliza un escáner de resonancia magnética para evaluar más de 20,000 ubicaciones en el cerebro y puede distinguir entre palabras como "destornillador", "hogar" y "granero". Sin embargo, cualquier cosa más avanzada, como dictar cartas o buscar en Google solo con la cabeza, probablemente esté a años de distancia; no obstante, cuando llegue, podríamos esperar ver un aumento en blogs en vivo llenos de malas palabras.

¿Recuerdas los dispositivos geniales que pueden manipular los pensamientos? De hecho, las aspiraciones de Intel para el control mental van mucho más allá del alcance de sus capacidades actuales.

Los expertos de la compañía quieren tener chips de interfaz cerebro-computadora listos para el 2023. Ahora, la parte aterradora: en lugar de que te pongas un casco en la cabeza para que puedan leer tus ondas cerebrales como sugirió el famoso escritor de ciencia ficción Arthur C. Clarke, Intel planea implantar diminutos chips directamente en tu cerebro para que puedan leer tus ondas cerebrales. La frase "Intel Inside" adquiere un nuevo significado a la luz de esto, ¿verdad?

La tecnología es efectiva porque puede descifrar los patrones que tu mente crea mientras contempla un tema de interés. El equipo de Intel ha estado utilizando escaneos de resonancia magnética funcional para estudiar cómo reaccionan los cerebros reales de las personas a diferentes estímulos, al igual que el equipo de IBM que desarrolla tecnología cerebral simulada. Debido a esto, Intel espera desarrollar un dispositivo que pueda leer ondas cerebrales aprovechando el hecho de que, cuando se exponen al mismo estímulo, los patrones cerebrales de las personas tienden a parecer similares.

Aunque la tecnología todavía está en pañales, Intel está seguro de que eventualmente tendrá éxito y que los usuarios querrán fabricarse los implantes una vez que se den cuenta de sus beneficios. Los motivos de Intel para este movimiento son más nebulosos. El equipo afirma que la forma en que usamos la tecnología en la actualidad se está volviendo cada vez más problemática a medida que más personas generan datos más complicados y sistemas más sofisticados.

Por eso, Microsoft está tratando de convertir el Proyecto Natal en algo más que una interfaz de control de juegos, haciéndolo compatible con tu televisor. La investigación de Intel está claramente muy avanzada en el futuro, si no es que de varias generaciones. Los pilotos de combate también se beneficiarían enormemente de la capacidad de operar sus aeronaves solo con sus mentes.

JESÚS Y EL TIEMPO SON LA BRÚJULA MORAL DE LA VERDAD

Aplicaciones de Teléfono Inteligente de Lectura Mental

La empresa con sede en Ottawa, Personal Neuro Devices, ha presentado una aplicación en Google Play esta semana que afirma ayudar a los usuarios a alcanzar un nivel más profundo de meditación utilizando solo sus teléfonos inteligentes.

Como complemento a sus manuales instructivos, "transcend" puede analizar tus ondas cerebrales para determinar cuán cerca estás del nirvana. "Transcend" puede imaginar los patrones de tu electroencefalograma (EEG) y proporcionar comentarios útiles una vez que estableces una conexión Bluetooth entre tu teléfono y un casco de interfaz de control cerebral MindWave Mobile Brain Control Interface (BCI) de NeuroSky. Pero Personal Neuro Devices no solo está tratando de ayudar a los propietarios de teléfonos inteligentes a sumergirse en sí mismos; la compañía también está tratando de incursionar en el emergente mercado de BCI, que algunos analistas predicen que valdrá 6 mil millones de dólares para el 2020.

La empresa con sede en Ottawa también ofrece aplicaciones de lectura cerebral que sugieren que las mujeres practiquen su enfoque y visualizan un futuro en el que se utilicen escaneos EEG en recursos humanos y marketing. Fue fundada por Steve Denison, un emprendedor en serie y Doctor en Ciencias EEG.

En una conversación telefónica, él dijo: "Personalmente he atravesado la fase de desarrollo de mercado cuatro o cinco veces, siempre software, siempre tecnología de la información". "Por lo general, un mercado se solidificará y tendrás la impresión de que una solución integral está al alcance", dice un experto.

Cita una encuesta de Sharp Brains, una firma de investigación de mercado, que predice que el negocio de la salud cerebral digital crecerá de 1000 millones de dólares en 2012 a 6000 millones de dólares en 2020. La inteligencia empresarial y las empresas de comunicación unificada, por nombrar solo dos ejemplos, también han experimentado un rápido crecimiento en los últimos cinco años, afirma. Por lo tanto, Personal Neuro Devices ha reunido a un equipo de diseñadores, desarrolladores y diseñadores de juegos para crear aplicaciones móviles que convierten los datos EEG en conocimientos accionables.

Cuatro, seis u ocho semanas son todo lo que se necesita para lanzar aplicaciones neuronales, dijo. Un programa de lectura mental que recomienda carreras basadas en lo que aprende sobre ti es lo próximo en el horizonte. El co-fundador y titular de un doctorado, Elliot Loh, vicepresidente de investigación de Personal Brain Devices, es la principal fuente de inspiración para el ciclo de desarrollo de tres a seis meses de MySense. MySense es una encuesta en línea que actualmente existe para determinar la sensibilidad de una persona a los estímulos ambientales. Las personas pueden variar desde ser extremadamente sensibles a su entorno, reaccionando como si el volumen del mundo estuviera al máximo, hasta ser completamente indiferentes a su entorno.

Utilizando la actividad eléctrica de tu cerebro (EEG), la aplicación determinará cuán sensible eres a varios estímulos mostrados en la pantalla de tu teléfono inteligente. Loh argumenta que crear un perfil basado en estos datos podría ser útil para todo, desde encontrar un trabajo hasta determinar qué comer para la cena.

Aquellos que se aburren fácilmente, por ejemplo, prosperarían en el entorno de ritmo rápido del departamento de bomberos o la arena deportiva. La modelación EEG no solo puede decirte en qué trabajos serías bueno, sino también con qué compañeros de trabajo te llevarías mejor.

Loh afirma que las personas se llevan mejor con quienes comparten sus "niveles de sensibilidad sensorial". ¿No los encuentras molestos, verdad?

También sugiere que las señales EEG de MySense podrían utilizarse para orientar específicamente a los usuarios para publicidad. Pagar en un momento en que te sientes deprimido es una buena oportunidad para recomendar un establecimiento de café. Ambos son el público adecuado en el momento adecuado y en el estado de ánimo adecuado para ser receptivos al anuncio.

Otra compañía de BCI que desarrolla aplicaciones relacionadas con la salud para dispositivos móviles es Interaxon. La empresa con sede en Toronto financió con éxito la producción de su propio casco Muse a finales del año pasado, y lo presentó en el Consumer Electronics Show en Las Vegas en enero, junto con el software del Sistema de Salud Cerebral complementario.

Sin embargo, las cintas para la cabeza capaces de leer ondas cerebrales son bastante inquietantes. La mayoría de las personas se sentirían incómodas con la tecnología que revelara siquiera el fragmento más pequeño de sus pensamientos más privados. Pensar que todos se pondrían felizmente un dispositivo NeuroSky y compartirían sus datos MySense en Facebook es una exageración.

Loh afirma que la tecnología recién está comenzando.

La compara con escuchar el motor de un automóvil con tu oído: "Es el equivalente a poner tu oído en el capó de tu auto". "Obviamente no estamos en la etapa de lectura mental."

Según el CEO Denison, más de 2500 personas han desarrollado suficiente habilidad con Personal Neuro Devices para usar las aplicaciones disponibles en Android y en la propia tienda de aplicaciones de NeuroSky. La empresa también ha enviado su aplicación "Transcend" para el proceso de aprobación de la Apple App Store. Él anticipa que la industria pasará rápidamente de ser una de adoptantes tempranos a usos verticales especializados, como en centros de rehabilitación fisiológica.

Denison logrará el nirvana personal si su compañía puede capturar siquiera una fracción de ese mercado pronosticado de 6 mil millones de dólares.

JESÚS Y EL TIEMPO SON LA BRÚJULA MORAL DE LA VERDAD
Cuando las Computadoras Empiezan a Leer Nuestras Mentes

Ya es posible que Facebook y otras redes sociales utilicen datos para hacer estimaciones educadas sobre las intenciones de los usuarios, como si están o no embarazadas o si planean comprar una casa. Cuando realizas una búsqueda y empiezas a ver anuncios relacionados rápidamente, puede darte una sensación escalofriante. Cuando no has buscado activamente algo, pero lo has estado pensando, verlo aparecer en tu feed de Instagram puede ser bastante sorprendente. Esto podría volverse tanto más fascinante como más inquietante a medida que la tecnología avanza hacia el punto en que pueda leer nuestras mentes.

Imagina esto: estás en camino al gimnasio en el auto y tienes hambre, pero olvidaste empacar tu barra de proteínas. Ves un Smoothie King en el camino y piensas: "Vaya, me vendría bien un batido de proteínas en este momento".

Terminas tu entrenamiento, llegas a casa y de inmediato comienzas a revisar Instagram, donde te encuentras con una foto de un delicioso batido de proteínas de Smoothie King. Después de una inspección más detenida, descubres que es un anuncio pago. La paranoia se ha apoderado de ti; ¿mencionaste realmente el batido en voz alta? ¿Espió Instagram tus pensamientos? Tal vez en un futuro no muy lejano.

Los algoritmos de Facebook "nos conocen" de maneras que parecen psíquicas, pero sus conocimientos son en realidad el producto de un análisis masivo de datos de nuestros clics, búsquedas, me gusta, compras y más. El contenido de tus chats de WhatsApp también puede influir en estos cálculos. Hemos aceptado esto como algo normal en la era de los datos grandes y el capitalismo de vigilancia.

No importa cuán avanzados sean los algoritmos, la mente humana sigue siendo un asunto privado. Las tecnologías de interfaz cerebro-computadora ("BCI"), que vinculan los procesos mentales con una computadora, han avanzado recientemente y pronto podrían representar una amenaza para esta esfera privada.

¿Y si la tecnología pudiera leer tu mente? Imagina que te traigan café sin pedirlo o que tus citas se configuren automáticamente. Imagina si hubiera una aplicación que te dijera lo que tu pareja quiere cenar sin que tengas que preguntar. El tiempo y el esfuerzo ahorrados al usar Uber serían enormes. Las opciones son ilimitadas.

El negocio de Elon Musk, Neuralink, está trabajando en una forma de conectar el cerebro humano a una computadora utilizando electrodos muy finos. En la demostración de la tecnología, que incluyó inesperadamente cerdos vivos que habían sido implantados con los electrodos de la compañía, Musk afirmó: "Si puedes conectar estas señales, puedes resolver todo, desde la pérdida de memoria, pérdida de audición, ceguera, parálisis, depresión, insomnio, dolor extremo, convulsiones, ansiedad, adicción, derrames cerebrales, daño cerebral; todos estos problemas se pueden resolver con un enlace neural implantable".

Si Musk tiene razón, sería asombroso y muy beneficioso. Además de Musk y sus cerdos que usan BCIs, los científicos han demostrado que pueden registrar y decodificar los impulsos neurales de una persona utilizando algoritmos de IA y luego usarlos para generar voz o texto sintético. Por lo tanto, es cierto que las computadoras ya están leyendo nuestras mentes en el laboratorio. Adivina quién está financiando gran parte de este estudio. Facebook. De hecho, Facebook está trabajando en un dispositivo de lectura mental. Se está apoyando la investigación en interfaces cerebro-máquina, que pueden leer la actividad eléctrica de tu cerebro y traducirla en texto. ¿Estás bromeando? Puedes leer más detalles al respecto en un blog de Facebook aquí. La investigación en la Universidad de California en San Francisco está siendo financiada por Facebook. Los investigadores allí han desarrollado un algoritmo que puede leer las ondas cerebrales en tiempo real y mostrarlas como letras en una pantalla.

Dicen que el objetivo a corto plazo es ayudar a los pacientes paralizados descodificando los impulsos cerebrales para que puedan "articular" sus pensamientos. Millones de personas podrían beneficiarse de esta solución, mejorando su calidad de vida. Se estima que la parálisis afecta a unos 5.4 millones de personas en los Estados Unidos.

Pero el objetivo final es llegar a una audiencia más amplia: el objetivo es permitirnos a todos controlar dispositivos solo con el poder del pensamiento. La corporación necesita acceso a nuestros registros mentales para lograrlo. No tengo ninguna duda de que Facebook intentará sacar provecho de esta tecnología de alguna manera, forma o manera una vez que lo descubran.

Las BCIs plantean serias preguntas éticas.

¿Es posible que la tecnología de lectura mental influya algún día en el tipo de medios que se nos presentan?

¿Te das cuenta de las ramificaciones de eso?

Este tipo de tecnología plantea cuestiones éticas de una magnitud nunca antes contemplada. Los científicos que trabajan en el proyecto de Facebook son conscientes de que es imposible prever todos los problemas éticos potenciales que podrían surgir del uso de la neurotecnología BCI. El lenguaje de relaciones públicas ideal de Facebook, en línea con "sabemos que esto da miedo y no confías en nosotros, pero lo estamos haciendo de todos modos". Una descripción más precisa proviene de la propia empresa:

En una publicación de Facebook, el gerente de proyecto Mark Chevillet dijo: "Lo que podemos hacer es reconocer cuándo la tecnología ha superado lo que la gente sabe que es posible y asegurarnos de que se proporcione esa información a la comunidad". Uno de los pilares de nuestro programa es el diseño neuroético; agradecemos los comentarios del público sobre cualquier problema ético que puedan tener sobre los tipos de tecnologías que estamos desarrollando.

Esto es especialmente preocupante porque nuestras mentes y pensamientos representan el último bastión de la privacidad personal. Forman la base de quiénes somos y cómo nos vemos a nosotros mismos. ¿Quién o qué tomará el control de nuestros pensamientos en privado si no somos nosotros?

Empresas como Facebook continúan operando a pesar de la desconfianza pública en sus objetivos debido a su historial de problemas de privacidad, especialmente Cambridge Analytica.

Sin electrodos ni resonancia magnética, Facebook ya puede brindar una ventana notable a tu psique. Según las declaraciones recientes del neuroeticista y profesor de UBC, Roland Nadler, tus hábitos en línea revelan mucho sobre tu composición mental. Por eso me preocupa el control de Facebook sobre esta iniciativa de investigación. La capacidad de combinar esos datos con datos cerebrales in vivo del mundo real podría tener implicaciones de gran alcance.

A medida que los anunciantes ya intentan descubrir cómo el cerebro genera decisiones de compra y cómo influir en esas decisiones, Facebook podría vender datos cerebrales a empresas con fines publicitarios. El estudio de esta nueva disciplina, conocida como neuromarketing, aún está en pañales. Es aterrador pensar en todas las formas en que Facebook y otros, incluidos los gobiernos, pueden utilizar tales herramientas para controlar las acciones de las personas.

Una de las principales desventajas de los sistemas algorítmicos en evolución es que sus arquitectos pueden no comprender la verdadera naturaleza de sus acciones. Según Nadler, "existe el riesgo de que lleguemos a tomar lo que la computadora dice como evangelio, sin pensar si algo sale mal o cómo incluso sabemos si algo sale mal". ¿Realmente deberíamos dejar suelta a las grandes empresas privadas con esta tecnología?

Debería haber reglas para evitar que este tipo de cosas suceda, pero parece que no las hay. Dado que la mayoría de los países hasta ahora no han controlado las operaciones de recopilación de datos de las grandes tecnológicas, llevará algún tiempo que los legisladores comprendan las implicaciones de los dispositivos de lectura cerebral. Actualmente, hay una regulación mínima sobre cómo las gigantes tecnológicas como Google y Facebook pueden recopilar y obtener ganancias de nuestros datos neurales.

El auge de gigantes digitales como Facebook, Google, Amazon y Apple ha marcado el comienzo de una nueva era de prácticas empresariales monopolísticas. En la economía, la sociedad y el gobierno de hoy, estas corporaciones dominantes tienen la capacidad de determinar ganadores y perdedores. Debemos considerar las consecuencias antes de darles acceso a nuestras mentes.

JESÚS Y EL TIEMPO SON LA BRÚJULA MORAL DE LA VERDAD
Adquisición de la Compañía de Señales Cerebrales de Facebook

Andrew Bosworth, vicepresidente de Facebook, publicó una explicación de las capacidades de la tecnología. Las neuronas en tu médula espinal envían señales eléctricas a los músculos de tu mano, indicándoles que realicen acciones como hacer clic en un ratón o presionar un botón. Con esta pulsera, puedes tomar el control de tu vida digital al recibir y responder a señales en un formato que tus dispositivos puedan comprender.

Thomas Reardon, fundador y CEO de Ctrl-Labs, realizó una presentación en video en la conferencia Slush 2018 en la que habló sobre cómo la "captura de intenciones... nos permite reducir la brecha entre la entrada humana y la salida humana". Describió la médula espinal como "algo así como el puerto USB del cerebro", que traduce las órdenes del cerebro en señales eléctricas que el cuerpo puede usar para mover sus extremidades. Sensores incorporados en una pulsera recogen y transmiten tales impulsos a una computadora u otra unidad de procesamiento para su acción. "los impulsos que fluyen de las neuronas motoras que residen en tu columna vertebral y que encienden y apagan directamente las fibras de tus músculos", como lo describió Reardon, son recogidos por la pulsera de muñeca. Explicó que el dispositivo escucha de manera no invasiva esas neuronas mientras envían potenciales de acción al músculo, y que "podemos recrear los ceros y unos de las neuronas motoras - las neuronas de salida del cerebro", que luego alimentan a una "red profunda" para comprender tu propósito.

Aunque Reardon mencionó "estás esclavizando esa red, está trabajando al servicio tuyo" para calmar nuestros temores, no se explayó, así que me queda la duda de si la red es la esclava o el maestro.

Reardon demostró numerosos ejemplos, comenzando con una actividad sencilla en la que escribió en una mesa y logró que el dispositivo reconociera la posición de sus dedos, traduciéndolos en palabras en una pantalla de computadora a pesar de la ausencia de un teclado o una cámara de detección de movimiento. Tiene sentido. Deslizas tus dedos a una posición en la mesa que corresponde a una tecla en un teclado. Luego demostró cómo controlar un videojuego complicado pensando, utilizando sensores para leer la vista mental y enviar señales a la computadora en lugar de un joystick físico o un teclado. Subrayó que "el deseo, no el movimiento" es lo que capta la tecnología.

Según Reardon, la tecnología ha avanzado más allá del punto en que puedes simular mentalmente los cinco dedos en cada mano. La tecnología también puede hacer que parezca que tienes una mano adicional, o incluso un sexto dedo, con el que controlar un dispositivo.

Quizás no sea sorprendente que Bosworth, el empleado de Facebook a cargo de este proyecto, también esté a cargo de las iniciativas de realidad virtual y aumentada de la compañía. El miércoles, Facebook anunció que está creando gafas de realidad aumentada y un proyecto llamado "Living Maps" para producir mapas tridimensionales del mundo.

Después de probar tanto las gafas de realidad virtual como las de realidad aumentada, puedo ver el valor de desarrollar una interfaz sin movimiento que elimine la necesidad de un joystick inalámbrico separado o un dispositivo de puntero, como sucede con muchas de las gafas disponibles. La tecnología de Ctrl-Labs podría utilizarse para hacer que otras tecnologías sean más accesibles para personas con discapacidades, pero también puedo pensar en otras aplicaciones. Si no tienes manos o la capacidad de moverlas, aún podrías hacer cualquier cosa con tus "manos", al menos en principio. También podría ayudar a evitar lesiones por estrés repetitivo al permitirte operar una computadora u otro dispositivo sin ejercer una tensión indebida en los músculos de la mano.

Eso es fantástico, sin embargo, esta tecnología plantea algunas preocupaciones de seguridad legítimas. Aunque no puede leer la mente exactamente, se acerca al traducir pensamientos en acciones. Me pregunto si es técnicamente posible hacer que alguien haga algo solo pensando en ello. A veces pienso en cosas que nunca haría realmente. Incluso si solo es un sueño imposible, probablemente no deberías actuar en consecuencia.

Si esta tecnología se puede usar para identificar y registrar la actividad cerebral, podría tener graves consecuencias para la privacidad. Considerando el historial de Facebook con la privacidad de los usuarios, este no es el tipo de tecnología que me gustaría que controlara. No tengo idea de adónde podría llevar esto o si alguna vez será factible realmente grabar y transcribir pensamientos.

Capítulo Ocho
La Mayor Pesadilla de Seguridad del Cerebro

Los investigadores han estado intentando desentrañar los misterios del cerebro durante muchos años. Los escáneres electroencefalográficos (EEG) y de tomografía computarizada (TC) / imágenes por resonancia magnética (IRM) han contribuido a nuestra mejor comprensión del funcionamiento interno del cerebro.

Los avances recientes en inteligencia artificial (IA) y aprendizaje automático (AA) en la imagen cerebral nos han acercado más que nunca al desarrollo de una verdadera tecnología de lectura de mentes. Se pueden encontrar muchas presentaciones en PowerPoint (ppt) sobre la tecnología de lectura de mentes en línea. Todos se preguntan qué se puede hacer para evitar que la tecnología de lectura de mentes se generalice para el año 2020.

El gobierno ha financiado el desarrollo de la tecnología de lectura de mentes conocida como interfaces cerebro-computadora, que permite a los investigadores leer la mente de una persona al crear una línea de comunicación entre el cerebro y una computadora. Según el artículo, la investigación en la tecnología BCI por parte de un miembro de la industria de la IA en la Universidad de Essex podría ser un impulsor importante de cambio en la vida de las personas que actualmente no pueden comunicarse. Actualmente, existen varios tipos diferentes de dispositivos de lectura de mentes disponibles para el público.

¿Qué se puede hacer ahora para proteger a las personas de ser explotadas por gobiernos, empresas y hackers en el futuro, cuando la tecnología BCI sea mucho más avanzada? En la actualidad, solo podemos brindar a las personas que están completamente paralizadas con un síndrome de cautiverio una sensación revitalizada de libertad e independencia al integrar y evaluar la tecnología BCI con los dispositivos domésticos inteligentes, por ejemplo. A pesar de estos beneficios potencialmente revolucionarios, la última tecnología de lectura de mentes plantea enormes consecuencias éticas.

Tanto el gobierno como el sector corporativo han invertido mucho en estos estudios con el objetivo de lanzar la industria de la lectura de mentes. Bajo su programa BRAIN, el gobierno de Estados Unidos ha comprometido más de $400 millones en el desarrollo de neurotecnología solo en 2018, y en 2017, la Agencia de Proyectos de Investigación Avanzada de Defensa de Estados Unidos invirtió $65 millones en el estudio de implantes neurales. La Comisión Europea ha asignado $1 mil millones para un esfuerzo de 10 años con el objetivo general de simular la Prueba de Lectura del Cerebro Humano, un conjunto de juegos relacionados con la lectura jugados por humanos. Para responder a tu pregunta, sí, existen varios dispositivos de lectura de mentes en el mercado.

Las empresas de hoy también están involucradas activamente en expandir las capacidades de la Tecnología BCI. El Grupo Morningside, un grupo de neurocientíficos, ingenieros de inteligencia artificial y éticos, publicó un artículo en una revista científica en 2017 en el que estimaba que las corporaciones con fines de lucro ya estaban invirtiendo alrededor de $100 millones al año en el desarrollo de neurotecnología. No obstante, Allied Market Research ha estimado que la industria de BCI podría valer hasta $1.46 mil millones en todo el mundo para el año 2020.

En 2019, Facebook también se encuentra entre las empresas más visibles que prueban tecnología de lectura de mentes. En 2019, en la conferencia anual de desarrolladores de Facebook, Regina Dugan, quien supervisó las nuevas iniciativas de hardware de la compañía y fue responsable del desarrollo de la plataforma Around 8, dijo que los usuarios pronto podrían escribir en la plataforma usando solo su imaginación. "Eso suena mucho más inalcanzable, pero está más cerca de lo que piensas", añadió Dugan.

Si bien el edificio ocho fue demolido a fines de 2018 y la creadora del dispositivo de lectura cerebral Regina Dugan dejó Facebook después de solo 18 meses, el director ejecutivo de Facebook, Mark Zuckerberg, reafirmó recientemente su interés en la tecnología BCI durante una entrevista con el profesor de la Facultad de Derecho de Harvard, Jonathan Zittrain. Anteriormente, Zuckerberg también se había referido a la tecnología telepática como el pináculo de los métodos de comunicación. Elon Musk y Nissan, un fabricante de automóviles japonés, son algunas figuras destacadas que están investigando BCI. El primero anunció en 2020 sus ambiciones para su tecnología Mind to the Car, una tecnología informática que lee la mente, mientras que el segundo está trabajando en un proyecto secreto cuyo nombre en código es Neuralink y cuyo objetivo es hacer que los humanos sean simbióticos con la IA a través de un implante cerebral. En 2019, veremos una proliferación de dispositivos inalámbricos para leer la mente.

Matran Fernandez no se detuvo solo en estos ambiciosos objetivos; también resaltó varios problemas y obstáculos para el desarrollo comercial de las interfaces cerebro-computadora (BCI), siendo el más importante de ellos el alto costo. La mayoría de los estudios de BCI se realizan en laboratorios debido al alto costo de la tecnología utilizada. Sin embargo, incluso si este equipo de vanguardia es lo suficientemente asequible para la producción en masa, es posible que aún no esté listo para el horario estelar. También cree que la tecnología patentada debajo del dispositivo de lectura de mentes aún no está completamente desarrollada. En la práctica, los auriculares que hemos visto que serían mucho más baratos, alrededor de $100, lo suficientemente asequibles para cualquiera, no son lo suficientemente buenos; esto se debe en parte a que el cerebro de cada persona es único y en parte porque las mentes de las personas con afecciones como el síndrome de enclaustramiento están aún más intrincadamente conectadas.

Según una entrevista que Matran-Fernandez concedió a The New Economy, ella cree que "la última tecnología está llegando", especialmente en lo que respecta a los algoritmos. El hecho de que las piezas se puedan ensamblar y que alguien esté dispuesto a trabajar en ese aspecto y hacerlo de acceso abierto es simplemente un hecho.

A pesar de que la mayoría de la industria debe abordar estas dificultades prácticas para mejorar la amplia aceptación de la tecnología de lectura de mentes actual, preocupaciones éticas serias sobre la práctica siguen socavando su sostenibilidad. El estado de la tecnología BCI todavía está en sus primeras etapas, y podrían pasar décadas antes de que se vuelva común. Sin embargo, el grupo Morningside ha declarado que se deben tomar precauciones ahora para evitar la manipulación o explotación de las personas por parte de corporaciones poderosas, gobiernos o hackers una vez que la tecnología BCI haya avanzado significativamente.

El grupo previó un futuro en el que podríamos descifrar los pensamientos de las personas y manipular los mecanismos cerebrales subyacentes a sus emociones, intenciones y decisiones;

donde las personas podrían comunicarse entre sí solo a través del pensamiento; y donde tanto las capacidades mentales como físicas se mejorarían en gran medida. El panel concluye que la Declaración de Helsinki y el Informe Belmont, que sirven como las reglas éticas actuales sobre experimentación e investigación en seres humanos, serían lamentablemente inadecuados en ciertos casos.

La vulnerabilidad inherente de la mente humana complica aún más la cuestión de la seguridad y la privacidad. Algunas personas que han sido sometidas a estimulación cerebral profunda mediante un implante de electrodo, por ejemplo, han descrito sentir una pérdida de control y de sentido de sí mismas. En un estudio reciente, los académicos Laterine Pratt y Eran Klein argumentaron que los datos de conversación cerebral son similares a otros tipos de datos personales, ya que están estrechamente vinculados a la mente y las identidades que cada uno posee.

Además, Matran Fernandez no está excesivamente preocupada por las preocupaciones de seguridad, privacidad o identificación en este momento. Reveló que la técnica, que es aún más probable que ocurra en la puerta de una sala de conciertos cuando una orquesta está tocando, no incluye la lectura de mentes. Según la analogía de Matran Fernandez, cada miembro de la banda representa un tipo diferente de actividad neuronal en el cerebro. También mencionó que la música estaría tan distorsionada desde el exterior que no se podría distinguir los instrumentos individuales.

Con el uso de la tecnología BCI, estos investigadores han encontrado resultados similares. Por ejemplo, si se establecen dos grupos, cada uno con una respuesta de sí/no, los investigadores pueden investigar la reacción del cerebro a cada grupo y diferenciarlos, pero aún no podrán determinar los pensamientos exactos de los participantes.

Sin embargo, existen algunas aplicaciones prácticas prometedoras para las BCI, especialmente en la industria de la salud, donde ya ha tenido cierto éxito, y muchas preguntas éticas relacionadas con la tecnología de lectura de mentes. Por ejemplo, el grupo de investigación BrainGate está utilizando la tecnología BCI para ayudar a personas con trastornos neurológicos, lesiones o amputaciones a recuperar la capacidad de comunicarse.

Los participantes paralizados en los estudios de casos pudieron escribir alrededor de ocho palabras por minuto en tabletas y teléfonos inteligentes después de tener sensores implantados en sus cerebros. BrainGate también demostró la viabilidad de usar la tecnología BCI para permitir que las personas con tetraplejia crónica debido a una lesión de la médula espinal recuperen el movimiento de sus extremidades.

Además, un grupo de académicos de la Universidad de Columbia ha creado recientemente discurso sintético utilizando un equipo de prueba de lectura de mentes conocido como un vocoder, que descifra lo que las personas quieren decir basándose únicamente en su actividad cerebral. Con un mayor desarrollo, se prevé que los dispositivos BCI también permitan a las personas con un síndrome de enclaustramiento grave comunicarse y controlar sillas de ruedas, extremidades paralizadas y prótesis robóticas.

En consecuencia, en el contexto actual, se están realizando incursiones iniciales en algunos de estos campos de estudio. Con un mayor conocimiento del cerebro, surge la promesa de avances aún mayores en el campo de la salud. Aunque algunos investigadores pueden necesitar tener cuidado con las preocupaciones éticas, parece ser un hecho inevitable que la tecnología de lectura de mentes se despliegue ampliamente en los próximos años.

Imagina no poder expresarte verbalmente, ni siquiera poder pedir un vaso de agua. El científico acaba de presentar el dispositivo que algún día lo dirá por ti. Investigadores de la Universidad de Columbia en Nueva York han desarrollado un vocoder capaz de determinar, basándose solo en la actividad cerebral, lo que una persona quiere decir y luego transmitir esa información a un sintetizador de voz. El objetivo principal es proporcionar a los pacientes que han perdido su propia voz debido a enfermedades o lesiones una voz artificial. La investigación todavía está en sus primeras etapas, pero la líder del proyecto, Nima, afirma que, con el equipo adecuado, será posible decodificar y comprender los pensamientos de estas personas.

Si bien es posible que la tecnología de vanguardia demuestre ser precisa a largo plazo, no hay garantía de que la intención del usuario permanezca constante. Las interfaces cerebro-computadora, sin embargo, podrían ser explotadas por personas sanas a pesar de que se desarrollaron principalmente para ayudar a los enfermos. Incluso a medida que las tecnologías de lectura de mentes ganan popularidad, no podemos permitir que el dilema ético de proteger nuestra privacidad mental se nos pase por alto.

El estudio de la Universidad de Columbia es una de las muchas investigaciones en curso sobre esta cuestión. Al principio, las personas intentaron usar su poder cerebral para controlar un cursor de computadora. Para 2018, los científicos en Beijing habían avanzado mucho más en el camino de la lectura de mentes, hasta el punto en que podían percibir mucho más de lo que podrían simplemente examinando las señales cerebrales.

El habla, el pensamiento y la acción humanos tienen su origen en la dinámica caótica y dinámica de los mensajes cerebrales. El propósito de una BCI es reconocer los gestos intencionales del paciente, traducirlos en comandos significativos utilizando algoritmos de vanguardia y luego transmitir esos comandos a un dispositivo que los ejecute. Es posible que el intermediario sea una voz artificial o un dispositivo protésico.

Las enfermedades del sistema nervioso y la parálisis son el foco de algunas iniciativas de investigación activas. Además, los mismos métodos se pueden usar para invadir el espacio mental de alguien y romper la última barrera de la privacidad.

Imagina tal influencia en manos de los corruptos. Los mercadólogos pueden no darse cuenta del potencial de la tecnología de lectura de mentes para detectar niveles de disgusto y deleite del cliente, lo que podría ayudarles a captar mejor la atención de los consumidores. Es posible que la administración desee un método más preciso para medir el descontento de los empleados y la lealtad a la organización.

No debemos desechar las predicciones distópicas como ficción, porque ciertas tecnologías de vanguardia tienen un historial desagradable de ayudar de formas inesperadas. Actualmente, hay cursos de neuromarketing disponibles, que enseñan a los estudiantes cómo deducir los gustos de los clientes mediante métodos científicos. Algunas empresas están implantando literalmente chips RFID, la misma tecnología que se encuentra en las tarjetas de pago sin contacto, en el cerebro de sus empleados. Los chips permiten a los trabajadores acceder al edificio y a las computadoras, pero también tienen el potencial de permitir un monitoreo extremadamente detallado del lugar de trabajo.

La multitud que rodea la alerta está siendo movida por el filósofo y neurocientífico Eran Klein y la exalumna de la Universidad de Washington, Katherine Pratt. En 2018, los científicos estaban muy interesados en crear tecnología inalámbrica de lectura de mentes. Porque había quienes pensaban que la preocupación ética del BBCI requería consideración adicional.

La señal electroencefalográfica P300 ha sido objeto de una extensa investigación. El cerebro tarda unos 300 milisegundos en detectar algo a un alto nivel, de ahí el nombre de la señal, que se genera cuando el cerebro reconoce algo a lo que no está prestando atención, como un rostro familiar en una multitud, una nota discordante en una pieza musical o un número PIN. Es la base de una tecnología altamente controvertida llamada huella cerebral, que afirma ser capaz de identificar a un sospechoso en cada caso, independientemente de si está familiarizado o no con el arma o la escena del crimen.

Aunque las tecnologías de lectura de mentes pueden ser incómodas en este momento porque requieren el uso de máquinas de filtrado cerebroso o auriculares con cables en adición al consentimiento expreso, esto podría cambiar en el futuro. La tecnología moderna podría finalmente romper el sello de la privacidad última. ¿Quién podría apostar en contra de que los neuroestafadores se vuelvan más populares?

De la misma manera en que renunciamos a la seguridad mejorada a cambio del acceso a los servicios en línea, la seguridad neural podría convertirse eventualmente en una mercancía. Sin embargo, en un futuro en el que la automatización amenaza muchos empleos, podría ser esencial para mantener cualquier tipo de ingreso. Hace un año, comenzaron a circular rumores de que algunos legisladores chinos habían tenido sus emociones y pensamientos examinados con "cascos de lectura de mentes".

Estos son los dos lados de la moneda que vienen con las interfaces cerebro-computadora: lo que comienza como una ventana para que los pacientes socialmente aislados se comuniquen con el mundo exterior puede evolucionar rápidamente en un agujero de espionaje para los curiosos.

El mercado de "interfaces de computadora cerebro" o dispositivos que pueden traducir las señales eléctricas en los cerebros de las personas en palabras comprensibles e incluso acciones está creciendo rápidamente.

El texto resultante se puede mostrar en una pantalla, sintetizarse y reproducirse electrónicamente, y la acción deseada se puede llevar a cabo rápidamente mediante una extremidad protésica conectada a la persona cuyos pensamientos se están leyendo principalmente, o por un robot que puede estar o no físicamente conectado a nada en absoluto.

Los riesgos, por supuesto, son evidentes, pero otras personas que también han beneficiado del acceso a estas tecnologías de vanguardia no se han destacado precisamente por su gloria.

Nunca hubo ninguna duda de que el ejército sería el pasaje de BCI al mundo exterior, pero esto no cuenta porque el servicio militar todavía está en gran medida limitado a aquellos que están muy bajo la supervisión directa de las fuerzas naturales de toda la oscuridad y que creen que pueden hacer lo que quieran con impunidad.

Hasta la fecha de esta redacción, se desconoce cuánto tiempo ha estado presente la tecnología BCI o qué formas podría tomar. ¿Todos se ven como cascos o gafas? O, alternativamente, ¿existen formas de BCI que no requieren ningún equipo externo (ya sea implantado o no)?

Actualmente, al menos hay dos métodos a través de los cuales la tecnología de vanguardia puede estar disponible para la población en general rápidamente en cualquiera de las situaciones antes mencionadas.

Las prótesis, extremidades artificiales conectadas y controladas por el cerebro, son un ejemplo de cómo el ejército todavía está ayudando en esta área. Los destinatarios de tales prótesis son personas que ya han perdido en los numerosos teatros de batalla de baja y alta intensidad en todo el mundo.

Otra opción es a través de la colaboración con empresas comerciales de diversos tamaños y etapas de desarrollo; sin embargo, las universidades suelen estar a la vanguardia de esto, trabajando con frecuencia con pioneros tecnológicos de la industria de la salud.

Las empresas más conocidas que trabajan para llevar esta tecnología al mercado son Facebook y Microsoft, a pesar de que no parece estar en línea con sus productos o su típico y aburrido chismorreo para conocerse.

Building 8, al igual que Google X, es el nombre de una unidad comercial secreta en el gigante de las redes sociales con una base de usuarios que rivaliza con la población total del mundo, donde la compañía prueba proyectos locos, ideas emocionantes que involucran las tecnologías más avanzadas que pueden o no tener una aplicación comercial.

La historia también afirma que Facebook ha contratado a ex ejecutivos de la Agencia de Proyectos de Investigación Avanzada de Defensa para supervisar los edificios 8.

Naturalmente, Microsoft es un innovador conocido en la plataforma de redes sociales. Desde 2007, cuando Microsoft comprometió $240 millones por un 1.6% de participación en Facebook, la valoración de la compañía se estimó en $15 mil millones. Esto podría haber sorprendido a muchas personas en ese momento.

Hasta el momento, Facebook vale aproximadamente $400 mil millones.

Microsoft y Facebook, dos compañías que normalmente no se espera que colaboren estrechamente, están desarrollando auriculares de realidad virtual. Estos dispositivos serían sistemas de entrega ideales para cualquier magia (o mal, dependiendo de tu punto de vista) que se encuentre dentro del producto. En última instancia, los auriculares de realidad virtual se pueden pensar como un tipo de interfaz cerebro-computadora (BCI).

A lo largo de la próxima década o dos, el crecimiento exponencial en la potencia de procesamiento mundial y la acumulación de memoria, así como la calidad cada vez mejor de la grabación de video, sin duda se combinarán con esos auriculares.

Es concebible que las BCIs, antes competencia de los técnicos e innovadores, eventualmente se conviertan en equipos estándar para todos.

OpenBCI, que es una discusión abierta en la que las personas interesadas en la tecnología pueden colaborar en mejoras, es uno que valdría la pena discutir en este contexto.

Pero, en respuesta al artículo "Nunca necesitarás escribir nada", publicado hace una semana, los investigadores de la Universidad de Stanford han desarrollado una BCI que permite a un usuario escribir a una velocidad de más de seis palabras por minuto sin tocar una consola.

Se utilizaron tres personas con discapacidades que les impiden participar en ciertos tipos de actividad física como sujetos de prueba.

La BCI, que parece implicar la inserción de una computadora en el cerebro, fue discutida recientemente por investigadores experimentales de Stanford en términos de implicaciones médicas.

El artículo encontró que el uso de algoritmos de alto rendimiento de BCI en demostraciones clínicas humanas indicó promesas para esta categoría de tecnología de vanguardia para habilitar formas de comunicación previamente imposibles para los pacientes con parálisis. Incluso estamos tratando de alcanzar la velocidad a la que puedes escribir en un dispositivo móvil.

También se preinstala en el gadget un aviso federal de salud para servir como advertencia al usuario de que esta es una herramienta de investigación. Según la ley federal, solo puedes usarlo para fines de investigación.

La mayoría de las personas piensan en quién tuvo la idea de la máquina de lectura de mentes, pero es más claro hacia dónde se dirige esto si la tecnología puede mejorarse para escribir a una velocidad de 50 a 150 palabras por minuto. ¿Cuánto pagarías por un dispositivo o aparato que elimine la necesidad de escribir?

El potencial de esta tecnología se extiende mucho más allá de los servicios de dictado y es lo suficientemente precisa como para usarse con una amplia variedad de aplicaciones basadas en la web ya disponibles hoy en día.

Incluso si pudiéramos estimar cuánta potencia informática sería necesaria para manejar esa posibilidad, sería mucho más que los datos grandes convencionales.

JESÚS Y EL TIEMPO SON LA BRÚJULA MORAL DE LA VERDAD
The Future of Privacy

It's important to remember that BCIs will bring with them the same ethical challenges associated with previous technologies, the most prominent of which is probably the need for privacy.

We understand how frustrating it is to have your login credentials compromised, even if your financial information remains safe. But, BCIs could mean that hackers could potentially access and steal your psychological responses, along with all the shame and horror that entails.

With access to so much private information, BCIs are a prime target for hackers and would-be blackmailers. It stands to reason that security measures will strive to keep BCI data as secure as possible. Because we all know that defenses can't possibly win every time.

Now that BCIs are entering the consumer market, privacy controls based on whether or not the wearer crosses a personal isolation threshold may be implemented in conjunction with BCIs.

Rajesh Rao, a professor at the University of Washington's Paul G. Allen School of Computer Science & Engineering, cites our own inner solitary procedures as a cause for cautious hope. The military has been a major source of funding for BCI research and development, which is a problem for a number of reasons.

It seems likely that the army's interest in BCIs will lead to the expansion of systems designed to enhance human capacities, in addition to aiding soldiers coping with accidents in war retrieve the skills they have dropped. So, a soldier may be able to link to an AI for advice on battle plans, dampening their fear in the face of an opponent or even patching in a faraway team to help out from the region. It has long been considered advantageous and a military goal to have superior technology to the enemy during times of conflict.

Also, there are concerns that military usage of BCIs will lead to brain-computer ports being utilized as interrogation apparatus, potentially being used to intrude on the minds of captured enemy soldiers. The same concerns that make military use of BCIs contentious also apply to their wider application in society.

Is it fair to have a person with a brain-computer interface compete with a regular person for a new job by using their own processing power and a memory card? With the prohibitive cost of BCIs, will they only be available to the one percent as a means by which to subjugate the other?

Access to gadgets that facilitate rapid learning or extraordinary memory may raise new questions of social justice.

"You get a new set of problems involving the haves and the have-nots," Rao says.

It is by no means the only problem that can arise as a result of the use of this technology. Whereas most BCIs of today could only read thoughts and not give information back to the brain, BCIs of the future may be able to do both. Another potential legal front with BCI technology might pit employees against their employer.

When an employee works for a provider or takes time off, legal safeguards are built to ensure that the provider's and employee's intellectual and physical property are protected. But what happens if a company doesn't care if an employee takes the skills and information they've gained on the job with them if they leave?

New York University bioethics professor Dr. S. Matthew Liao says it's common practice for companies to require employees to return company property upon leaving, such as laptops or phones. But if you had a memory implant in your brain that constantly stored data.

Currently, we want to know if they already have access to that data and if they plan to make another request for it. After you leave work, do they disable it and set it back to the next morning? If so, can they ask for it back?"

G. ROMAN

Problemas Éticos de la Descodificación del Habla Basada en el Cerebro

Los sectores de la neurociencia están desarrollando dispositivos de lectura cerebral rápidamente. Estas tecnologías registran, procesan y descodifican los impulsos cerebrales. Esto se ha llamado "tecnología de lectura mental" en la cultura popular. ¿Debería preocupar esta tecnología al público? ¿Es telepática? La lectura mental plantea preocupaciones sobre la deliberación libre y la autoconcepción en un mundo donde uno no puede pensar discretamente. La privacidad, la libertad cognitiva y la autoconcepción y expresión parecen ser éticamente importantes. Este ensayo examina si los dispositivos de lectura cerebral leen mentes. Si es así, necesitan soluciones éticas. Si no es así, los académicos y los desarrolladores de tecnología deben descubrir formas de comunicarlos con precisión para disipar temores infundados y abordar los justificados.

Las tecnologías neurales y la lectura mental plantean preocupaciones éticas. Las interfaces cerebro-computadora (BCIs) y la decodificación neural empleando neurotecnologías se han llamado "lectura mental". La neurociencia puede mostrar ahora algunos vínculos entre estados mentales (imaginación, emociones, intenciones, percepción, toma de decisiones, etc.) y la actividad cerebral gracias a las tecnologías de interfaz cerebral. Por lo tanto, la mente es material.

Sin embargo, el acceso a algún sustrato material de los procesos mentales es parcial y no cubre todos los elementos de la mente. Por lo tanto, los correlatos neurales son marcadores físicos de la expresión mental pero no la mente en sí. Evitemos confundir la mente con nociones fragmentadas y leer la mente con impresiones neurales de pensamientos. Las prótesis neuronales solo pueden leer fragmentos de correlatos neurales de estados mentales. Por lo tanto, es incierto cuántas grabaciones cerebrales pueden descifrar pensamientos completos. Primero, responderemos esta pregunta de manera amplia y luego en el contexto de una BCI de habla. ¿Hasta dónde puede acceder la prótesis de habla a nuestros pensamientos?

Según indicadores lingüísticos y conductuales reconocidos, las personas generalmente pueden "leer la mente" de los demás infiriendo sus pensamientos a partir de las señales que conscientemente emiten (excluyendo lo subconsciente y otras señales "ocultas"). Solo se pueden hacer predicciones sobre los pensamientos internos de alguien. Un dispositivo de "lectura mental" puede adquirir información que difiere de las interpretaciones humanas basadas en procedimientos interpersonales más típicos, lo que plantea preocupaciones éticas. La tecnología puede ser más objetiva que la interpretación interpersonal. Debido a esto, poner la mente en una legibilidad objetiva puede parecer más arriesgado que ponerla en dominios sociales familiares e imperfectos. La lectura mental mediada tecnológicamente parece requerir una discusión distinta.

Las tecnologías neurales registran la actividad eléctrica cerebral y procesan los resultados. La electrocorticografía (ECoG), la electro- o magnetoencefalografía (EEG/MEG) no invasivas y las sondas intracerebrales/intracorticales macro o microscópicas pueden registrar el cerebro. Todas las grabaciones cerebrales se correlacionan con actividades físicas y cognitivas.

Con la actividad continua en la lectura cerebral y los intentos de correlacionarla con los procesos mentales, es vital estar atentos a los aspectos sociales, legales y regulatorios de la investigación primaria y el desarrollo tecnológico concurrente. Las tecnologías que parecen leer mentes pueden cuestionar el estado del individuo como centro de actividad consciente (Mecacci y Haselager 2019).

Leer la mente, al igual que leer un libro, implica que se pueda ver. Esto rompería con la idea de que el pensamiento de uno sea privado. La lectura mental puede revelar los pensamientos, sentimientos, intenciones, percepciones y recuerdos de una persona. Con o sin autorización. Puede habilitar formas novedosas de comunicación, autoexpresión y comprensión. Este escenario de ciencia ficción puede plantear preocupaciones sobre quién puede ingresar a la mente y cómo se juzga a las personas. En un mundo de lectura mental, ¿deberían las personas ser evaluadas por lo que dicen o por lo que piensan?

Desde 2013, detectar la onda "P300" puede "espiar" la actividad cerebral para recopilar información confidencial. Las pistas subliminales pueden predecir creencias personales. Los investigadores crearon un juego para registrar la actividad cerebral. Estas señales podrían revelar números PIN de bancos y otra información confidencial sin el conocimiento del jugador del juego (Ienca et al. 2018). Esto se logró registrando la actividad cerebral durante el juego y buscando ondas P300 en respuesta a estímulos ocultos. Por lo tanto, los datos cerebrales son muy sensibles porque pueden contener información que un sujeto puede no querer compartir pero que otros pueden obtener a través de la neurotecnología.

La neurotecnología en la ley plantea este problema. Meegan (2008) aborda la detección de la memoria por las fuerzas del orden.

A pesar de las afirmaciones, la actividad cerebral puede indicar el reconocimiento de escenas u objetos. Esto podría ser una prueba de fuego para la lectura de la memoria: la idea del "conocimiento culpable" como una prueba concluyente en el tribunal. ¿Podrá el lector de mentes acceder a recuerdos almacenados pero no restaurados? Esta pregunta de neurociencia plantea cómo se mantienen los recuerdos y cómo se restablecen. Sin embargo, plantea cuestiones éticas sobre cuánto deberíamos aceptarlos como legibles por máquina.

La investigación ha demostrado que los impulsos cerebrales de diferentes regiones pueden revelar información detallada. Las grabaciones neurales pueden predecir planes motores, imágenes visuales, percepciones como caras (Chang y Tsao 2017), habla (Akbari et al. 2018), decisiones, intenciones, lugares destacados y estados de ánimo (Haynes et al. 2007; Kay et al. 2008; Roelfsema et al. 2018; Sani et al. 2018). Las tecnologías de investigación actuales también pueden descodificar imágenes mentales. Los algoritmos de identificación que utilizan datos de fMRI pueden seleccionar la imagen de un participante experimental de una colección conocida. En estos experimentos, se puede lograr una precisión de más del 90% (Kay et al. 2008). La idea de la privacidad mental ciertamente parece desafiada por este tipo de actividades. Las mediciones cerebrales parecen revelar contenido mental. Esto significa que alguien puede creer que tiene acceso exclusivo y privilegiado a sus pensamientos, pero podría estar equivocado (Eickhoff y Langner 2019; Farah et al. 2009; Mecacci y Haselager 2019).

Si queremos centrarnos en la lectura mental como punto de referencia para las preocupaciones éticas en torno a la neurotecnología, podemos preguntarnos sobre las tecnologías y técnicas mencionadas aquí: ¿es esto lectura mental? Estaríamos obligados a responder, no exactamente. En términos de los enfoques para identificar imágenes mentales, por ejemplo, el protocolo experimental opera sobre la base de un campo receptivo modelado y datos de activación para conjuntos de imágenes. Las imágenes decodificadas a partir de los datos de fMRI se seleccionan de una lista conocida y se representan como patrones coincidentes de datos. Este es un trabajo detallado e interesante que ilumina gran parte de cómo funcionan las representaciones visuales en el sistema visual. Pero no es el caso de que, en un entorno no controlado, un dispositivo pueda reconstruir la experiencia visual de un individuo dado.

En el ejemplo legal, lo que se puede decir es que las técnicas implican una atención cuidadosa a la actividad neural específica en contextos específicos. Una memoria no puede simplemente "leerse" como se podría leer una oración en una página. Esta especie de detección de la memoria explota las asociaciones entre estímulos conocidos y señales neuronales evocadas para justificar inferencias sobre las experiencias o percepciones pasadas de un sujeto, como el reconocimiento de una imagen en particular. Si, al mostrar una escena del crimen, mi cerebro muestra una respuesta asociada a la familiaridad, puede indicar que estuve allí.

Claramente, existen riesgos y potencial para falsos positivos con este tipo de enfoque. Por otro lado, parece igualmente claro que la idea de acceder al contenido real de la memoria o descargar un conjunto de recuerdos no surge. Pero esto no significa que no surjan problemas éticos, sin embargo. Donde alguna práctica podría considerarse lectura de la mente, no debemos ser demasiado complacientes al haber descartado la lectura de la mente "real" por una cuestión técnica. Se requiere un enfoque sensible a las realidades éticas y socio-políticas para tratar las posibilidades de la lectura de la mente pseudo, en las cuales las personas pueden caer presas de malas prácticas.

Las neurotecnologías, en la medida en que encarnan la premisa de que la mente puede ser expuesta a la vista, dan lugar a una serie de dilemas éticos, siendo el menos importante la invasión potencial de la privacidad mental de uno. Las preocupaciones sobre reducir los estados mentales a colecciones de datos cerebrales están relacionadas con este problema también. Profundizaremos más en estos temas y en temas relacionados como la autonomía mental y la identidad. Es necesario tener algo de antecedentes sobre cómo se presenta típicamente la neurotecnología antes de abordar las preocupaciones funcionales que surgen de su aplicación.

Cyberlink, el Neural Impulse Actuator, Enobio, EPOC y Mindset son solo algunos ejemplos de las muchas interfaces cerebro-computadora (BCIs) actualmente disponibles en el mercado (Gnanayutham y Good 2011). El futuro de estas tecnologías y sus posibles aplicaciones es intrigante (Mégevand, 2014). Sin embargo, las afirmaciones tecnológicas deben verificarse en cuanto a su plausibilidad.

Aunque en teoría es simple detectar los impulsos cerebrales, identificarlos es mucho más desafiante (Bashashati et al. 2007). El desarrollo de mejores métodos de detección y registro es un enfoque principal de la investigación actual. Las posibilidades de detectar con éxito las señales cerebrales capturadas deberían mejorar como resultado. La lectura de la mente depende en gran medida de la identificación porque las señales captadas deben tener algún tipo de vínculo con el estado mental de una persona. Las consideraciones éticas también juegan un papel, no menos importante debido a la posibilidad de identificar incorrectamente estados mentales debido a grabaciones cerebrales procesadas incorrectamente o debido a la ocultación de la verdadera naturaleza de la grabación misma.

Se ha identificado una jerarquía de tipos de señales cerebrales. Las partes del cerebro que se utilizan para el registro se pueden descomponer en varias categorías funcionales diferentes. Es probable que nuestra actividad consciente se pueda clasificar relativamente de manera objetiva, dado que ciertos tipos de señales en ciertas regiones parecen estar "detrás" de esa acción. Se han hecho afirmaciones sobre los tipos de tecnologías mencionadas anteriormente como "acceso a ideas", "identificación de imágenes a partir de señales cerebrales" y "lectura de intenciones ocultas", por lo que al menos ciertos paradigmas de desarrollo neurotecnológico sugieren que esto es cierto (Haynes et al. 2007; Kay et al. 2008). En otras palabras, estos argumentos implican que prestar atención a las señales cerebrales es la clave para comprender lo que realmente está sucediendo en la mente de una persona.

Se podría argumentar que esto es un ejemplo de hipérbole. Al tratar de extrapolar el significado de los pensamientos de una persona a partir de su actividad cerebral mensurable, parece que se necesita mucha más información. La investigación realizada por Yukiyasu Kamitani, por ejemplo, utilizó datos de resonancia magnética funcional (fMRI) para intentar "descodificar" el contenido de los sueños. Los medios retrataron este estudio como si los investigadores simplemente registraran los sueños de las personas mientras dormían (Akst 2013; Revell 2018). Sin embargo, para categorizar un número modesto de elementos soñados, se necesitaron entre 30 y 45 horas de tiempo de entrevista por participante. Leer el cerebro para descodificar un sueño puede ser una experimentación sorprendente en neurociencia, pero esto va mucho más allá. Dado que se centra en las declaraciones verbales sobre la experiencia de los estados mentales, la entrevista es un complemento interesante a la grabación de señales cerebrales.

Quizás es un poco exagerado sugerir que Facebook o Microsoft están trabajando en un dispositivo que permitiría a las personas controlar las computadoras con sus mentes o pensamientos

(Forrest 2017; Solon 2017; Sulleyman 2018). A pesar del uso generalizado del término "neurotecnología" para describir una amplia variedad de productos de consumo, es muy improbable que estos productos funcionen realmente detectando y registrando señales cerebrales (Wexler y Thibault 2018). Lo más probable es que estos dispositivos puedan leer la actividad eléctrica en los músculos faciales, donde las señales son quizás 200 veces más fuertes que en el cerebro y donde los electrodos también están considerablemente más cerca del tejido muscular. El uso de un dispositivo de este tipo para una tarea como escribir es probable que aproveche los pequeños movimientos producidos al contemplar palabras y frases individuales. Las palabras se corresponden con la activación de los músculos utilizados para pronunciarlas, de modo que puedan ser traducidas en un programa de escritura. De hecho, así es como se supone que funciona el 'AlterEgo' de Google (Kapur et al. 2018; Whyte 2018).

La sobreventa es antiética porque genera expectativas poco realistas y hace que las personas pierdan la confianza en las neurotecnologías que finalmente no cumplen sus promesas. La base de esto es una representación falsa de cómo funciona un dispositivo y el potencial de la tecnología subyacente. Esto tiene ramificaciones morales porque se refiere a la necesidad del consentimiento del usuario antes de que se pueda utilizar un dispositivo. Con este tipo de tergiversación, puede ser necesario reevaluar cómo pensamos sobre la posible adopción y uso de dispositivos por parte de los participantes experimentales y los consumidores.

Al extrapolar el proceso de descifrar los sueños, podemos ver que la grabación objetiva de los impulsos cerebrales carece de una dimensión experiencial, lo que la hace inadecuada como descripción de un estado mental. Los pensamientos de una persona ocurren dentro de una representación mental del mundo tal como se ve desde su propia perspectiva. Las observaciones de las señales cerebrales por sí solas no se pueden usar para aplicar universalmente este paradigma. Solo después de un extenso entrenamiento en circunstancias de investigación rigurosas, se pueden inferir ciertos aspectos de este modelo, con una previsibilidad limitada. La perspectiva subjetiva de la mente podría perderse si los impulsos cerebrales se registraran objetivamente.

Las preocupaciones sobre reducir la mente a una colección de datos cerebrales surgen aquí desde un punto de vista ético. Hay suficiente margen para la discusión de nociones "mentales" aparte de sus contrapartes "neurocientíficas" (y viceversa). No está claro cómo podrían conectarse entre sí los tipos encontrados en la naturaleza (Churchland 1989). Por lo tanto, cada vez que se examine la relación entre el cerebro y la mente, es importante tener en cuenta la cuestión de la interpretación generalizada. El dispositivo hipotético conocido como "cerebrosocopio" es una herramienta útil para enfatizar este punto.

En teoría, el cerebrosocopio podría capturar la actividad de cada neurona en el cerebro, hasta el milisegundo. La pregunta ahora es si tenemos o no una representación de la mente basada en este mapa completo de actividad cerebral. La resolución milisegundo a milisegundo de la actividad neuronal, según Steven Rose, carece de sentido sin una imagen completa del origen de esas neuronas activas y sus conexiones debido a la naturaleza dinámica y flexible del cerebro.

Mientras se contempla la lectura de mentes, es importante ser cauteloso al pensar en este tipo de dificultades. Una forma de ver la mente es como un espacio al que un hipotético lector de mentes podría acceder para investigar su contenido. Por el contrario, el argumento de Steven Rose implica una mente más situada, dependiente de su origen y su estado actual. Ese es el punto: incluso si alguien pudiera percibir de alguna manera la mente de otra persona, seguiría siendo considerada simplemente como un pensamiento subjetivo, no como un pensamiento objetivo sostenido por otro.

Varios conceptos filosóficos sobre el aislamiento de "lo mental" se discuten en Mecacci y Haselager (2019). Explican cómo el perspectivismo de A. J. Ayer prioriza la privacidad de la mente y su contenido, entre otras cosas. Si uno adopta este enfoque, entonces los pensamientos no pueden ser leídos, ya que no aparecen como objetos en un espacio mental abierto, sino como los contenidos privados de la mente de un individuo, lo que descarta la lectura de mentes.

Las representaciones irresponsables de la tecnología y la simplificación excesiva de los problemas parecen ser factores éticamente significativos. Sin embargo, un examen más profundo de cada uno revela que contribuyen a una amplia gama de preocupaciones éticas relacionadas con la neurotecnología. La libertad del pensamiento puede verse comprometida en situaciones en las que se invade el aislamiento psicológico de uno. El concepto de "libertad cognitiva" abarca el derecho a pensar sus propios pensamientos sin interferencias (Sententia 2006). Los campos del derecho, la psicología y el neuromejoramiento interactúan con frecuencia con esta idea (Boire 2001). En relación con el riesgo de divulgación de pensamientos privados, es especialmente pertinente en este contexto.

Cuando el derecho a la soledad mental de uno está en cuestión, es posible que no se sienta seguro de dejarse llevar por cualquier pensamiento que se le ocurra. La neurofisiología podría verse como una informante potencial sobre la naturaleza de la mente en situaciones en las que se recopilan medidas de la actividad cerebral (correcta o incorrectamente) para revelar contenidos mentales. Esto implicaría desafiar creencias arraigadas sobre el acceso exclusivo y exclusivo que cada individuo tiene a su propia mente. Si un diarista dedicado descubriera que sus entradas pueden ser vistas por otra persona, podría ser menos honesto y revelador en su escritura. ¿Cómo podría alguien evitar tener pensamientos abiertos y honestos si supiera que las mediciones de su cerebro pueden revelar cualquier cosa que esté pensando en un momento dado?

JESÚS Y EL TIEMPO SON LA BRÚJULA MORAL DE LA VERDAD
Malware Cerebral

Una amenaza extraordinaria requiere una respuesta extraordinaria. ¡Malware cerebral! Leíste correctamente. Imagina estar completamente expuesto frente a todos los que amas y odias, todos los que conoces y todos los que no conoces, tanto amigos como enemigos. Imagina que cada idea que tienes es expuesta al mundo, incluidos tus secretos más oscuros como tus preferencias y orientación sexuales, tus gustos y disgustos, tus mentiras y verdades, y cada otro pensamiento que quisieras llevar contigo a la tumba. ¡Espantoso! ¿No es así? No estamos hablando de una película de ciencia ficción futurista aquí, sino más bien de un dispositivo de vanguardia que puede infiltrarse en tu cerebro y registrar tus pensamientos. Los expertos están pidiendo un marco de privacidad y seguridad para proteger nuestros pensamientos y nuestra información personal antes de que entre en su forma final y se utilice ampliamente en el mercado de consumo, ya que está empezando a convertirse en una seria preocupación de privacidad. Antes de que comiences a hacer suposiciones ridículas, permíteme asegurarte que el malware no se implantará dentro de tu cabeza, sino que, al igual que cualquier otro malware, infectará tus dispositivos y aparatos.

El dispositivo BCI, no la aplicación ni el juego, es la fuente del problema. En realidad, usar BCI en aplicaciones o videojuegos es necesario para mejorar la experiencia del usuario o permitir el juego sin manos. El problema subyacente es que cada Señal Cerebral que generas contendría considerablemente más datos de los que la aplicación o el juego realmente necesitan, y que los piratas informáticos infectarían tu teléfono inteligente con malware para aprovechar esos datos. Hay varias formas en que la información robada podría ser utilizada en tu contra, incluyendo la coerción, la manipulación y la vergüenza. Incluso los delincuentes podrían exigir un rescate. Sería lo mismo que instalar un ransomware en tu cabeza. Este método puede ser utilizado por cualquier persona que quiera ingresar a tu mente, no solo los ciberdelincuentes. Tal tecnología puede ser utilizada por el gobierno y la policía, que actualmente son conocidos por vigilar a las personas, para violar tus derechos de la Cuarta Enmienda. De hecho, podría resultar en una revolución tecnológica y cultural en la forma en que se realizan las encuestas. ¿Qué firma de encuestas no estaría emocionada con una tecnología que les permita vender fácilmente vastas cantidades de datos sobre una persona en el mercado y ganar millones?

Nunca antes la amenaza a nuestra privacidad había sido tan grande. Sería necesario un excepcional nivel de respuesta en términos técnicos y políticos para contrarrestar una amenaza de esta magnitud.

La idea de un "Anonimizador de BCI" ha sido propuesta por investigadores de la Universidad de Washington. Las señales se "filtrarían" de manera que las aplicaciones solo pudieran obtener la información que necesitan. Según los investigadores, el Anonimizador de BCI evita la filtración no deseada de información al no transmitir ni almacenar nunca señales cerebrales crudas ni componentes de señal que no sean específicamente necesarios para la comunicación y el control del BCI.

Para garantizar una seguridad perfecta, los expertos en seguridad deben mejorar la protección de los dispositivos en segundo lugar. El software antivirus ya no es necesario, por lo que se requeriría un avance innovador en Seguridad de Punto Final, el desarrollo más reciente en seguridad de dispositivos. Para una defensa impenetrable, se debe crear un paradigma de seguridad especializado contra el malware cerebral.

Para asegurar la información personal, las políticas de privacidad de las aplicaciones necesitarían ser actualizadas a nivel de política. Cada gobierno también debería establecer normas y pautas para el Anonimizador de BCI efectivo del dispositivo. También sería necesario establecer los requisitos técnicos del Anonimizador. Hoy en día, la fabricación no es regional, por lo que para que estos estándares sean aceptados internacionalmente, debe haber un reconocimiento mundial. Además, esto requeriría negociaciones en la OMC con una cláusula única de "Barreras Técnicas al Comercio".

La amenaza es grave y real. Para detener el malware cerebral en su camino, toda la comunidad de seguridad, incluido el gobierno, debe lanzar proactivamente una discusión.

Capítulo Nueve
Espionaje Cerebral del Gobierno

¿Tendrán las agencias gubernamentales acceso a nuestros pensamientos en algún momento? Imagina un mundo en el que el gobierno tenga acceso a tus pensamientos más íntimos. Este escenario puede sonar como algo sacado de un libro de ciencia ficción, pero en realidad no está tan lejos de la realidad.

Actualmente existen dispositivos que pueden detectar cosas como la somnolencia al volante al medir y analizar impulsos eléctricos del cerebro. La profesora de Derecho y Filosofía de la Universidad de Duke, Nita A. Farahany, examina las posibilidades, pero también los riesgos legales y éticos de estas tecnologías en desarrollo en un video para el Foro Económico Mundial. Explica que aún no hemos llegado completamente a ese punto, pero pronto podremos "ver" una pequeña burbuja de pensamiento sobre tu cabeza.

En otras palabras, "la NSA y otros grupos pronto podrían espiar tu mente además de tus correos electrónicos y teléfonos celulares". Hemos llegado a un punto en el que podemos utilizar la resonancia magnética funcional (fMRI) para escanear el cerebro de una persona, descifrar los patrones que encontramos y utilizar ese conocimiento para "leer mentes" o anticipar la experiencia de una persona. Como ejemplo, un trabajo publicado en 2011 por el Laboratorio Gallant en la Universidad de California, Berkeley, demostró que al grabar a los participantes mientras ven una serie de películas, es posible determinar qué cualidades visuales están codificando diferentes áreas del cerebro. El modelo puede utilizar luego tu actividad cerebral para hacer predicciones sobre lo que estás viendo en una nueva película.

Sin embargo, también existen desventajas en este tipo de "lectura de mentes". La reconstrucción es rudimentaria, funciona mal en estímulos abstractos o inusuales y se requieren escaneos repetidos de cada sujeto para ajustar el modelo al cerebro de esa persona. A pesar de que la fMRI tiene una resolución visual y temporal deficiente y detecta la actividad cerebral de manera indirecta, nuestro experimento demuestra que esto no nos impide construir modelos que utilicen la actividad cerebral para predecir la experiencia consciente dinámica. También hay laboratorios avanzando en otras áreas; por ejemplo, Chang y sus colaboradores han logrado decodificar la corteza auditiva para reconstruir las frases individuales de los sujetos.

Hay numerosos problemas éticos y tecnológicos que podrían plantearse a la luz de esta tecnología. ¿Podremos leer la mente de alguien usando estos métodos, o se mantendrán limitados al ámbito de la percepción? ¿Es posible utilizarlos para crear un detector de mentiras infalible (o al menos mucho más preciso que el polígrafo)? ¿Qué salvaguardias podríamos implementar para asegurarnos de que los posibles beneficios no superen su potencial de abuso?

¿Cómo podemos garantizar un uso responsable incluso si llegamos a la conclusión de que algunas de estas aplicaciones tienen potencial? ¿Quién se hará responsable de mantener toda esta información segura y asegurarse de que se utilice únicamente para su propósito previsto?

Debido a la falibilidad humana, estas herramientas solo pueden llegar hasta cierto punto. Los estudios en psicología han demostrado consistentemente que los recuerdos pueden ser alterados y que la confianza en uno mismo no es un indicador confiable de precisión. No se puede asegurar que algo sea verdadero solo porque una persona crea que lo es y un detector de mentiras lo confirme.

A medida que la tecnología evoluciona, es imperativo que eduquemos al público sobre lo que ahora es factible, tengamos un diálogo abierto sobre estos desafiantes problemas y nos aseguremos de que nuestras leyes protejan las libertades que buscamos. La libertad de pensamiento está en una encrucijada. Las mejoras en tecnología y psicología podrían utilizarse para fomentar el pensamiento original. Tienen el potencial de proteger nuestra privacidad, reducir nuestras concepciones preconcebidas y abrir nuevas vías de pensamiento. Sin embargo, los gobiernos y las empresas están moldeando estos desarrollos en armas diseñadas para limitar nuestra capacidad de pensar libremente.

Perder la capacidad de pensar libremente sería como perder una parte de lo que nos hace humanos. Animales y humanos tienen bases emocionales similares. Sin embargo, somos los únicos que podemos dar un paso atrás y preguntar: "¿Quiero estar enojado?", "¿Quiero ser esa persona?" y "¿No podría ser mejor?"

Los pensamientos, sentimientos y deseos que surgen en nosotros brindan una oportunidad para la autorreflexión, permitiéndonos determinar si están en línea con nuestros objetivos, principios y aspiraciones. Si todos estamos de acuerdo en que lo están, entonces podemos reclamar propiedad sobre ellos. Podremos ser nosotros mismos entonces.

Por otro lado, podríamos decidir que no todos nuestros pensamientos son el resultado de nuestra propia voluntad. Una vez más, en cuanto te acomodas para ponerte a trabajar, el pensamiento "¡Revisa Facebook!" aparece en tu mente. Si es así, ¿lo pensaste tú o lo hizo Mark Zuckerberg?

La libertad de opinión es esencial para el florecimiento humano, ya que promueve el respeto, fomenta la democracia y revela nuestra individualidad. Reconocer a sus adversarios es el primer paso para protegerla. El primer peligro lo representan los recientes avances psicológicos. Como resultado de estudios, los investigadores han desarrollado nuevas ideas sobre los factores que moldean nuestros procesos mentales y las elecciones que hacemos en la vida.

Los gobiernos y las empresas utilizan esta información para manipular nuestros pensamientos y acciones. Las posibles alternativas a las nuestras son. Las empresas utilizan esta información para hacer que los consumidores gasten más dinero en cosas como el juego, las compras y las redes sociales. Incluso podría influir en el resultado de las elecciones.

La utilización de algoritmos de aprendizaje automático en "datos grandes" presenta un segundo peligro potencial. Cuando compartimos información personal con empresas, les proporcionamos una ventana a nuestras vidas. Nos volvemos más susceptibles a la manipulación y la comprensión de que nuestra privacidad ha sido invadida disminuye nuestra capacidad para pensar de manera creativa.

El tercer peligro es la capacidad en desarrollo para leer nuestras mentes a través de nuestras ondas cerebrales. Interfaces cerebro-computadora están siendo desarrolladas actualmente por Facebook, Microsoft y Neuralink. Esto podría llevar eventualmente a máquinas capaces de leer nuestras mentes. Con esta nueva capacidad para leer nuestras mentes surgen nuevos peligros para nuestra libertad personal.

Los avances tecnológicos y psicológicos están facilitando que los gobiernos y las empresas violen, controlen y nos sancionen por nuestro pensamiento. ¿Hay algo que podamos hacer para solucionar la situación? El pensamiento libre está protegido por la legislación internacional de derechos humanos. Sin embargo, este derecho ha sido en su mayoría pasado por alto. Rara vez se utiliza en procesos legales. Para defendernos eficazmente, primero debemos determinar el alcance de este derecho.

Necesitamos emplearlo para proteger la confidencialidad de los pensamientos privados. De lo contrario, el deseo de cumplir aplastará nuestra capacidad de explorar libremente nuevas ideas y buscar la verdad. Con él, podemos protegernos contra que nuestras ideas sean controladas por el engaño o la coerción.

Deberíamos utilizarlo para salvaguardar todas las formas de indagación intelectual. La mente no es el único lugar donde pensamos. Para ayudarnos a pensar, ocasionalmente ponemos pluma sobre papel o dedos sobre el teclado. Si estas acciones se consideran "pensamientos", entonces deberían recibir confidencialidad completa de acuerdo con el principio de libertad intelectual.

Por último, pero no menos importante, debemos ejercer esta libertad para insistir en que nuestros gobiernos fomenten entornos en los que podamos hablar y escribir libremente. En este caso, la ayuda psicológica es útil. El gobierno tiene la responsabilidad de facilitar la educación temprana en ciencias cognitivas para su población. Deben organizar la sociedad de manera que las personas sean libres de pensar por sí mismas. Y tienen el deber de detener a aquellos, incluidas las corporaciones, que violarían el derecho a la libertad de pensamiento.

Las corporaciones deben hacer su parte. Deberían establecer la libertad de pensamiento como un compromiso de política. Deberían realizar la debida diligencia sobre cómo sus actividades pueden perjudicar la libertad de pensamiento. Podría exigirse que declaren los trucos psicológicos que están utilizando para tratar de moldear nuestro comportamiento.

Y nosotros, la gente, debemos educarnos a nosotros mismos. Debemos promover y apoyar los valores del pensamiento libre. Debemos condenar a aquellos que convierten una de las mayores fortalezas de nuestra especie, nuestra sociabilidad, en una de nuestras mayores debilidades al utilizarla como medio de extracción de datos. Debemos votar con nuestros pies y nuestros bolsillos en contra de aquellos que violan nuestra libertad de pensamiento.

Todo esto asume que queremos la libertad de pensamiento. ¿Pero lo queremos? Muchos de nosotros preferiríamos electrocutarnos literalmente a nosotros mismos que sentarnos en silencio con nuestros pensamientos.

¿Muchos de nosotros también preferiríamos que los gobiernos y las corporaciones pensaran por nosotros, sirviendo predicciones e influencias para que simplemente las sigamos? ¿Muchos de nosotros estaríamos contentos con que la libertad de pensamiento se limite si eso condujera a un aumento en la seguridad? ¿Cuánto queremos la libertad de pensamiento y qué estamos dispuestos a sacrificar por ella?

En resumen, ¿aún queremos ser humanos? ¿O el dolor, el esfuerzo y la responsabilidad de una de nuestras habilidades más características, el pensamiento libre, se han vuelto demasiado para nosotros? Si es así, no está claro qué será de nosotros ni qué llegaremos a ser.

JESÚS Y EL TIEMPO SON LA BRÚJULA MORAL DE LA VERDAD
Final de la Quinta

La libertad de negarse a autoincriminarse o de "tomarse la Quinta" es una importante protección garantizada a las personas bajo la Constitución de los Estados Unidos. Sin embargo, la tecnología futurista podría hacer innecesario que hables de todos modos. Los laboratorios están trabajando en tecnologías revolucionarias que pueden capturar pensamientos o permitir la conexión telepática, mientras que los equipos actuales simplemente recopilan datos como la actividad cerebral. Vale la pena considerarlos ahora, aunque no se materialicen durante mucho tiempo. Hay una tendencia en el sistema legal hacia hacer más fácil que la información privada se utilice como prueba. Información como esta tiene el potencial de servir como una ventana a la psique y una puerta trasera a la Quinta Enmienda.

La restauración de la función cerebral, el mapeo del cerebro y el aumento de la función cognitiva, los dispositivos de interfaz cerebro-computadora están destinados a convertirse en un tratamiento fundamental para enfermedades del sistema nervioso. Los impulsos del cerebro de una persona se transmiten directamente a un ordenador externo, lo que permite que el dispositivo funcione. Actualmente hay productos en el mercado que funcionan como BCIs, aunque son más comunes; por ejemplo, Muse proporciona un dispositivo EEG portátil para ayudar en la meditación. Tanto el Stentrode de Synchron como el Neuralink de Elon Musk, que están desarrollando terapias más invasivas que requerirían cirugía para la implantación, tienen como objetivo restaurar la función motora en personas con enfermedades neuromusculares, incluida la parálisis.

Synchron se implantará en las arterias sanguíneas del paciente, mientras que Neuralink está desarrollando una cirugía cerebral dirigida por un robot. La FDA ha otorgado a ambos medicamentos la clasificación de "avance", lo que significa que serán sometidos a una evaluación simplificada.

Las personas paralizadas podrían algún día ser capaces de caminar, usar sus brazos para vestirse y hablar verbalmente gracias a las interfaces cerebro-computadora. Si se cumple ese escenario, estos dispositivos tendrán un acceso sin precedentes a la mente humana y a los pensamientos de los individuos humanos. Los estudios han demostrado que se puede generar discurso sintético a partir de grabaciones cerebrales, sin embargo, hay muchas "ifs" y los datos neurales son bastante ruidosos y difíciles de entender.

Y como muestra la historia, aunque protegemos la Quinta Enmienda, el progreso médico puede encontrar su camino en el sistema judicial penal. Si bien es fácil detectar cuando has estado delatándote a ti mismo cuando todavía puedes hablar, la situación se vuelve mucho más complicada una vez que has perdido esa capacidad. Si la policía te detiene y te pregunta si has estado bebiendo, por ejemplo, tienes el derecho de negarte a responder (invocando la Quinta Enmienda). Aunque una prueba de sobriedad en el lugar y muestras de sangre pueden parecer pruebas en tu contra, la Quinta Enmienda no te protege de proporcionarlas. Varios estados consideran que negarse a hacer esa prueba es una admisión de culpabilidad. Hoy en día, esta línea de pensamiento se ha extendido al tema de desbloquear teléfonos celulares. A modo de ejemplo, mientras que en la mayoría de los Estados Unidos no se te requeriría revelar tu contraseña para usar tu teléfono, en muchos lugares se te exigiría utilizar información biométrica como tus huellas dactilares o un escaneo facial. ¿Por qué? Se ha argumentado en el tribunal que esto es equivalente a una huella dactilar o una muestra de sangre que se ha dejado atrás. En este caso, todo depende de tu nivel de experiencia y recursos. A medida que la tecnología avanza, es posible que esta distinción se vuelva menos clara.

Para algunos, la idea de verse obligados a usar una huella dactilar para desbloquear un teléfono es mucho más intrusiva que la idea de descubrir una huella dactilar olvidada hace mucho tiempo. La creación de tecnologías poderosas para acceder a dispositivos seguros, que los criminales pueden aprovechar tan fácilmente como las fuerzas del orden, puede resultar si no proporcionamos un medio de acceso al dispositivo en alguna forma. El FBI obtuvo una orden para acceder al iPhone del sospechoso fallecido después de los tiroteos de San Bernardino en 2015, pero no pudieron hacerlo porque no tenían el código de acceso. Los dispositivos de Apple están diseñados para ser inaccesibles después de 10 intentos fallidos de inicio de sesión, y la empresa no ha hecho ningún esfuerzo por establecer una puerta trasera. Allí, esta prueba legítima habría sido destruida para siempre si no fuera por los piratas informáticos federales. Es preocupante que la Quinta Enmienda se pueda utilizar para socavar deliberadamente la Cuarta.

Para abordar este problema, la Corte Suprema ha creado una regla de "conclusión anticipada" para utilizar en estos tipos de casos. Establece que el propietario puede ser obligado a revelar el código de acceso del dispositivo u otra información de acceso si el estado puede demostrar que tenía conocimiento previo de la información almacenada en su interior. Desafortunadamente, este criterio es algo abierto. Las decisiones son inconsistentes porque los tribunales tienen enfoques diferentes sobre cuán ampliamente o estrechamente aplicarlo. Los casos que incluyen tanto la Quinta como la Cuarta Enmiendas, búsqueda y decomiso, a menudo conducen a estas decisiones contradictorias. Cuando se les presentó la oportunidad de brindar claridad sobre estos asuntos en el caso Jones v. Massachusetts en 2019, la Corte Suprema se negó a considerar el caso, por lo que pasará algún tiempo antes de que obtengamos un cierre.

Pero eso es solo el comienzo del problema, ya que la recolección de datos de terceros en tiempo real puede hacer que la invasión real de la privacidad sea innecesaria. A menudo, los registros médicos se han excluido de los debates de la autoincriminación debido a su clara clasificación como evidencia en lugar de testimonio. Recientemente, un juez dictaminó que los datos del marcapasos eran admisibles para demostrar la frecuencia cardíaca del acusado en el momento de un crimen. El tribunal argumentó que había mucha más información sensible que la frecuencia cardíaca en el cuerpo humano. Sin embargo, como la frecuencia cardíaca está controlada por una respuesta del sistema nervioso, uno también podría argumentar que esto es una mirada aproximada a la mente del acusado. ¿Es tan simple como una huella dactilar dejada atrás la respuesta de tu sistema nervioso en el momento de un crimen? Los tribunales no han establecido una demarcación clara entre la mente y el cuerpo, lo que será fundamental para tratar los problemas relacionados con las interfaces cerebro-computadora y la autoincriminación. Aquí, una protección básica para los datos recopilados de los pensamientos proporcionaría una salvaguardia para la libertad cognitiva. De lo contrario, nos quedamos con lagunas que permiten al estado acceder a nuestros pensamientos y motivaciones más personales, lo que parece ir en contra del espíritu de la Quinta Enmienda.

Además, a medida que estos dispositivos BCI almacenarán datos, quizás la Quinta Enmienda se vuelva menos relevante; después de todo, las empresas conservarán tesoros de datos neurales disponibles para la búsqueda bajo la Cuarta Enmienda. Si los datos se almacenan en un dispositivo de terceros, como una aplicación de salud, no están protegidos por la Cuarta Enmienda; bajo la doctrina de terceros, una vez que entregas voluntariamente tu información a una empresa que proporciona un servicio, renuncias a cualquier expectativa de privacidad y, como tal, el estado puede tener acceso. Esta directriz se aplica comúnmente a los registros telefónicos, pero ¿es el estándar que queremos establecer con dispositivos neurales complejos?

Necesitamos crear algunas nuevas normas de privacidad para el siglo XXI que alcancen las nuevas capacidades tecnológicas para evaluar no solo nuestros cuerpos, sino también nuestras mentes. Deberíamos actualizar la doctrina de terceros para que los datos cognitivos tengan más protecciones. Los tribunales inevitablemente tendrán que interpretar y aplicar más pruebas basadas en esto, pero necesitan una base desde la cual trabajar para crear opiniones más coherentes y unificadas. Si no hacemos nada, la Quinta Enmienda podría debilitarse hasta su muerte inevitable.

G. ROMAN

No Hay Frenando la Tecnología de Lectura Cerebral

Los robots son capaces de leer ahora los patrones de pensamiento humanos. No mucho puede detenerlos para conseguir lo que quieren.

Los formuladores de políticas están apresurándose para ponerse al día con el rápido desarrollo de tecnologías que les permiten mirar dentro del cerebro humano. Para manipular las acciones de ratones, Rafael Yuste implantó con éxito imágenes en sus cerebros en 2019. El neurólogo ha emitido una advertencia sombría de que los seres humanos son los próximos en la fila para este tratamiento.

La neurotecnología, en la que las máquinas interactúan directamente con las neuronas humanas, tiene el potencial de ayudar en el estudio y tratamiento de enfermedades como el Alzheimer y el Parkinson, así como facilitar la creación de miembros protésicos y terapia del habla, si se utiliza éticamente.

Sin embargo, la neurotecnología no controlada tiene el potencial de llevar a los peores excesos de las corporaciones y los estados, como la aplicación sesgada de la ley y las invasiones de la privacidad. Ahora los neurocientíficos, filósofos, abogados, defensores de los derechos humanos y formuladores de políticas están trabajando juntos para asegurar el cerebro como la última frontera de la privacidad personal.

No están buscando ser prohibidos. Yuste, quien lidera el esfuerzo Neurorights de la Universidad de Columbia, y otros defensores han abogado en cambio por un conjunto de reglas para proteger el derecho de los ciudadanos a la privacidad en sus procesos mentales, permitiéndoles al mismo tiempo aprovechar cualquier beneficio para la salud que pueda resultar.

Muchas personas están comprensiblemente preocupadas por los posibles peligros de la neurotecnología, especialmente dado el interés mostrado en el campo por los gobiernos, ejércitos y corporaciones.

Los Estados Unidos y China están a la vanguardia del estudio de la IA y la neurociencia. El Departamento de Defensa de los Estados Unidos está investigando herramientas de modificación de la memoria.

Empresas como Facebook y Neuralink de Elon Musk también están avanzando en esta área, no solo los científicos.

Recientemente han aparecido los primeros dispositivos portátiles de neurotecnología disponibles comercialmente. La empresa estadounidense Kernel ha lanzado un auricular de grado de consumo capaz de registrar la actividad neural en tiempo real. Para aquellos que preferirían no usar sus voces, Facebook ha respaldado la investigación para desarrollar una interfaz cerebro-computadora. (Este verano, se retiraron.) En abril de 2021, Neuralink, una empresa que desarrolla implantes cerebrales, publicó un video de un mono usando el chip implantado de la empresa para jugar un juego con su mente.

Comentó: "El problema es para qué se pueden utilizar estas tecnologías." Algunos de los ejemplos son simplemente aterradores. Las imágenes cerebrales se han utilizado para predecir la propensión de los delincuentes a reincidir, y en China, se sabe que los empleadores utilizan esa tecnología para leer las emociones de sus empleados. Los investigadores en el pasado también han utilizado objetos comunes del hogar para espiar de manera encubierta información sensible.

"La perspectiva de una persona híbrida con implicaciones profundas para nuestra especie está sobre la mesa, y eso es un problema importante. Continuó diciendo, "Esto es existencial." Yuste cree que el momento de decidir si este cambio es beneficioso o perjudicial es ahora. La neurotecnología actual no puede leer el contenido mental o emocional. Sin embargo, esto podría volverse innecesario con el desarrollo de la IA. Algoritmos de aprendizaje automático superiores podrían ser capaces de establecer conexiones entre la actividad cerebral interna y el mundo exterior.

Según el bioético Marcello Ienca de ETH Zurich, "todo lo que necesitas es una IA lo suficientemente sofisticada como para detectar patrones y establecer vínculos correlativos entre ciertos patrones de datos y estados mentales particulares" para plantear preocupaciones sobre la privacidad.

Mediante un sistema de aprendizaje automático, los investigadores han deducido previamente números de tarjetas de crédito a partir de la actividad cerebral de una persona.

Similar al uso de pruebas de detección de mentiras antes, las imágenes cerebrales se han implementado en el sistema de justicia penal con fines diagnósticos y para predecir qué delincuentes son propensos a cometer más delitos. Dado que las personas de color se ven afectadas de manera desproporcionada por el prejuicio algorítmico, esto podría tener efectos devastadores en sus vidas.

A saber: "[P]or qué el fiscal público diría no a tal tecnología cuando, por ejemplo, la detección de mentiras o la detección de la memoria parece suficientemente precisa según la ciencia?" comentó Sjors Ligthart, un profesor de derecho en la Universidad de Tilburg que investiga las implicaciones éticas y legales de la lectura de cerebros forzada.

Surgen preguntas de responsabilidad, según los especialistas, porque no está claro si los pensamientos implantados serían producidos o surgirían del cerebro. Debido a que la IA está actuando cada vez más como mediadora entre los humanos y sus propias mentes, "no puedes identificar qué tareas están siendo realizadas por ti mismo y qué pensamientos son realizados por la IA", advirtió Ienca. La neurotecnología está obligando a los legisladores a abordar un problema hasta ahora no abordado: la necesidad de que las personas establezcan la autoridad de la persona sobre los pensamientos que llevan.

Chile está trabajando en la primera ley en el mundo para proteger estos "neuroderechos" para sus residentes.

Según el senador Guido Girardi, quien lidera la propuesta de Chile, la medida establecerá un sistema de registro para las neurotecnologías análogo al de los productos farmacéuticos, y el uso de tales tecnologías requerirá el acuerdo informado tanto de los pacientes como de sus médicos. Nuestra misión es asegurarnos de que "la IA pueda ser utilizada para el bien, pero nunca para controlar a un ser humano", como lo expresó Girardi.

España aprobó en julio una Carta de Derechos Digitales no vinculante para servir como hoja de ruta para futuras legislaciones.

La abogada de protección de datos Paloma Llaneza González dijo: "El enfoque español es asegurar el secreto y la seguridad de los datos asociados a estas actividades cerebrales, y proporcionar el control total de la persona sobre sus datos".

Puedes discriminar a alguien en función de sus creencias, por lo que "queremos salvaguardar la dignidad de la persona, la igualdad y la no discriminación", dijo.

El club de la OCDE con sede en París, compuesto principalmente por países ricos, ha acordado principios no vinculantes sobre la neurotecnología, incluida una lista de nuevos derechos destinados a proteger el derecho de las personas a la privacidad y la autonomía cognitiva.

El problema es que no está claro si la regulación actual, que no fue redactada teniendo en cuenta la neurotecnología, es suficiente. Con la neurotecnología, "lo que realmente necesitamos" es una nueva mirada a los derechos existentes, como lo expresó Ligthart. El Convenio Europeo de Derechos Humanos es un objetivo potencial ya que protege derechos como el derecho a una vida privada, que podría ampliarse para abarcar el derecho a los propios pensamientos.

Información sensible, como el historial médico y la afiliación religiosa, está protegida por el Reglamento General de Protección de Datos (GDPR) de Europa. Sin embargo, la investigación realizada por Ienca y Gianclaudio Malgieri en la EDHEC Management School de Lille sugiere que los procesos mentales pueden quedar fuera del alcance de la ley.

Yuste afirma que las Naciones Unidas y otros organismos internacionales deben tomar medidas antes de que se hagan nuevos avances en la tecnología.

En lugar de "esperar hasta que tengamos un problema y luego intentar repararlo cuando sea demasiado tarde", como sucedió con Internet, la privacidad y la IA, "queremos hacer algo un poco más inteligente", agregó Yuste.

Las preocupaciones de privacidad de hoy parecerán "cacahuetes" en comparación con el futuro..

Conclusión

Tu orientación sexual y tus inclinaciones políticas pueden ser inferidas a partir de los datos generados por tu navegador de internet, tu ubicación geográfica, los formularios en línea que llenas y las palabras que escribes. Considera las implicaciones de tener tus procesos mentales monitoreados. A medida que avancen las interfaces cerebro-máquina, nos veremos obligados a abordar esta preocupación, ya que permitirán la comunicación directa entre la computadora y el cerebro.

La tecnología de lectura mental existe y actualmente existen dispositivos de consumo capaces de captar señales neurales sutiles. Por ejemplo, los investigadores de marketing utilizan auriculares de electroencefalografía (EEG) para examinar las reacciones subconscientes de los consumidores a los productos y la publicidad. Según Pablo Ballarn, cofundador de la empresa de ciberseguridad Balusian, "estos datos mentales pueden revelar información importante sobre una persona" cuando se evalúan.

Los problemas de seguridad en la neurotecnología no son únicos; reflejan los de otras industrias digitales e incluyen el potencial de acoso, crimen organizado y tráfico de datos personales. Sin embargo, los datos cerebrales tienen una estructura novedosa. Se forman en el cerebro y pueden contener información médica crítica, así como pistas sobre nuestra identidad y los mecanismos íntimos que rigen nuestras elecciones personales.

Para demostrar cuán real es esta amenaza, los científicos han intentado acceder a la neurotecnología ampliamente disponible. Su misión es identificar agujeros de seguridad robando información que podría ser utilizada por ciberdelincuentes. Los investigadores han demostrado que es posible instalar malware en una interfaz cerebro-máquina (ICM) utilizada para jugar videojuegos controlados por la mente.

Al incrustar imágenes subliminales en el juego, los piratas informáticos pueden probar la reacción subconsciente del jugador a diversos estímulos, como nombres, direcciones y rostros. Lograron descubrir cosas como la dirección de una persona y su número PIN de tarjeta de crédito de esta manera.

Siendo ingeniero de telecomunicaciones y experto en ciberseguridad, Ballarn ha sometido a prueba algunos dispositivos. Comprometió un auricular EEG popular y robó datos de actividad cerebral que se transmitían a un teléfono móvil cercano. Advierte que "si puedes decodificar estas señales, puedes obtener información sobre enfermedades, capacidades cognitivas, e incluso gustos y preferencias de un usuario", lo que podría incluir información sensible como la orientación sexual.

En el peor de los casos, un atacante podría explotar una interfaz bidireccional para causar daño físico al usuario o a otra persona. Una interfaz así no solo leería las señales cerebrales, sino que también las emitiría, por ejemplo, en forma de pulsos nerviosos (hacia un brazo protésico, una silla de ruedas o el propio sistema nervioso). Para evitar un posible intento de asesinato mediante el hackeo del marcapasos de Dick Cheney en 2007, los médicos tuvieron que desactivar todo acceso inalámbrico al dispositivo.

Los autores admiten, sin embargo, que los datos proporcionados por ciertos usuarios podrían usarse para inferir conclusiones "bastante precisas" sobre otros que valoran más la privacidad. Abogamos por regulaciones estrictas sobre la venta, transferencia comercial y uso comercial de los datos cerebrales. La legislación que prohíbe la venta de órganos humanos "puede ser similar a las restricciones que limitan la posibilidad de que las personas entreguen sus datos neurológicos o tengan actividad neural escrita directamente en sus cerebros a cambio de una recompensa financiera", escribieron Yuste y sus colegas en el artículo.

Como último paso, proponen utilizar tecnologías como blockchain y el aprendizaje federado para evitar que las señales cerebrales se procesen en bases de datos centralizadas. En la misma línea, otro grupo de investigadores de la Universidad de Washington ha propuesto que los dispositivos neurotecnológicos realicen una separación in situ de los componentes de las ondas cerebrales antes de la transmisión. Por lo tanto, una interfaz cerebro-máquina solo podría transferir datos relevantes directamente al dispositivo de control (a menudo un teléfono móvil o una computadora vinculada) para la tarea en cuestión.

Por ejemplo, una silla de ruedas controlada por un sensor EEG solo enviaría la parte de las ondas cerebrales que codifica información sobre la intención de movimiento, dejando fuera las partes de las ondas cerebrales que contienen, por ejemplo, sensaciones emocionales. Podemos reducir el riesgo de que los criminales roben información valiosa reduciendo la cantidad de datos cerebrales en bruto que se almacenan y transmiten.

Sin embargo, investigadores independientes han señalado los requisitos significativos de rendimiento que este método impuso en los dispositivos neurotecnológicos, ya que requerirán capacidades computacionales además de sensores de ondas cerebrales. Además, prevenir el acceso a la señal en bruto dificulta el potencial para la creación de software adicional.

El desafío de resolver las preocupaciones de privacidad en torno a la neurotecnología ha sido emitido. Ballarn argumenta que la regulación internacional es necesaria para ofrecer soluciones de ciberseguridad; sin embargo, las leyes siempre se promulgan demasiado tarde para "solucionar problemas antiguos", por lo que depende de los fabricantes y desarrolladores prever las vulnerabilidades en sus productos. Los consumidores tienen la última palabra en este asunto votando con su dinero, pero solo si son conscientes de las posibles desventajas y de lo que es mejor para ellos.